自治体議会政策学会叢書

ローカル・マニフェスト
―政治への信頼回復をめざして―

四日市大学地域政策研究所
（ローカル・マニフェスト研究会）

イマジン出版

目　　次

はしがき ……………………………………………………… 5
第Ⅰ部　イギリスのマニフェスト ……………………………… 8
　1．中央政党のマニフェストとローカル・マニフェスト …… 8
　2．中央政党のマニフェスト ………………………………… 11
　　(1)マニフェストは国民に対する契約書？ ……………… 11
　　(2)マニフェストは何時つくられるのか？ ……………… 13
　　(3)マニフェストをつくるのはだれか？ ………………… 18
　　(4)マニフェストの形態 …………………………………… 22
　　(5)マニフェストは政権の"旗艦" ………………………… 24
　　(6)マニフェストの効用 …………………………………… 26
　　(7)"イギリスのための野心"
　　　　―2001年労働党マニフェスト― ……………………… 32
　3．ローカル・マニフェスト
　　　―大ロンドン市長選のマニフェスト― ……………………… 34
　　(1)大ロンドンの市長選挙 ………………………………… 34
　　(2)大ロンドン市長候補のマニフェスト ………………… 37
　　(3)ケン・リビングストン（現市長）のマニフェスト … 42
第Ⅱ部　マニフェスト導入をめざして
　　　　―ローカル・マニフェストの導入― ……………………… 58
　1．首長選挙の公約 …………………………………………… 58
　2．マニフェストの導入 ……………………………………… 60

3．政策の実施 ………………………………………… 62
参考資料：マニフェスト作成試案 ……………………………… 65

　　『私のマニフェスト』
　　　―三重はもっと飛躍できます―

最後に ……………………………………………………………… 81
著者紹介 …………………………………………………………… 82
・コパ・ブックス発刊にあたって ……………………………… 83

はしがき

　マニフェストとは、イギリスでは国政選挙における各党の「政策綱領」を意味する。2000年代にはいってからは知事、市町村長の公選制度が導入されたため、最近は自治体の首長候補の「政策綱領」をも意味するようになった。マニフェストは政権をとった際に「必ず実行する」ことを約束した政策の「宣言」であり、一般には、各政党、首長などの有権者に対する「誓約」あるいは「契約」として位置づけられている。

　イギリスでみられるマニフェストは「理念」「ビジョン」、それを実現する「プログラム」という形で構成されている。こうしたマニフェストを通じて各政党あるいは首長候補者は、政権を獲得した時には「必ず実行する政策」として国民（住民）に約束するわけである。政権党あるいは首長にとっては、選挙のときにすでに「必ず実行する政策」を約束しているため、政権獲得と同時に直ちに政策決定ができるのである。有権者や特定の利益集団がマニフェストに示されていない政策を要求することも難しくなるといわれている。

　国民（住民）にとってみれば、このマニフェストは「必ず実行される政策」であるため、いかなる政府・自治体をつくっていこうとしているのか想像しやすく、各政党あるいは各候補者のマニフェストを比較することができ、争点が明確になる。投票時の重要な判断材料となるわけである。イギリスにおけるマニフェストには数値、財源、期限が明記されている。政府・首長は、政策とそ

の達成度によって国民（住民）から評価もしくは批判されることとなり、政策本位の選挙が実現されることになる。

これまでの日本の公約は、利益集団を温存させるための役割を果たしていると言われてきた。いわば有権者から言われたことを政治家が官僚に伝え利益を誘導する。その見返りとして選挙において投票してもらうという日本の民主主義のスタイルである。そこではカバン・カンバン・ジバンこそが政治家となる決定的な要件となっている。したがって、公約は政治家の後援会組織という利益団体に向けて作成されているといっても過言ではない。しかも、日本の各政党や首長候補の公約は、イギリスのマニフェストと比べると、政策本位の公約とはほど遠く、具体性のとぼしい願望が羅列された「ウイッシュ・リスト（おねだり集）」だと評されている。日本の有権者は、公約を「必ず実現される政策」であるとは考えていないようである。結果として、日本のこうした政治慣習は有権者にとって政治的無関心を招くことになっているといえよう。ますます関心が低下するという現象があらわれているといってもよい。

日本のこうした政治的閉塞感を打破するには、政策本位のマニフェストの導入が有効である。今回の統一地方選挙において、新聞紙上でマニフェストの必要性が謳われはじめている。この影響を受けて、どれだけの首長候補がマニフェストを導入して選挙戦を戦うのか興味深いところである。もちろん限られた期間で作成しなければならないので、精緻で完成されたマニフェストが作成されることは望めないであろう。しかし、イギリスのマニフェストの場合も、最初から完成されたマニフェストが作られていたわけではない。サイクルを重ねることで進

化していく性格のものである。まずは立候補にあたってマニフェストを有権者に示し、選挙することがなによりも意義があるといえる。だからといって実現できもしない耳ざわりのいい旧来型の選挙公約を示し、これが「私のマニフェストだ」というわけにもいかないであろう。

　そこで、本書ではイギリスのマニフェストがどのようなものであるかを解説してみることにした。また、日本で導入する場合には、どのようなマニフェストを作成することができるか、試みてみた。これにより、日本の政治に有権者が少しでも関心を示すようになれば幸いである。なお、これは四日市大学地域政策研究所ローカル・マニフェスト研究会の研究成果である。

第Ⅰ部　イギリスのマニフェスト

1　中央政党のマニフェストとローカル・マニフェスト

　イギリスでマニフェスト（manifesto）というと、国会議員（衆議院議員）の選挙、すなわち総選挙での各政党の政策綱領を意味するのが普通である。政策綱領とはいっても、それはこれまでの日本で見られてきたような選挙公約とは異なる。政権をとった暁には必ず実行することを約束した政策の宣言であり、一般には、各政党の国民に対する誓約（pledge）あるいは契約（contract）として位置づけられているものである。

　地方レベルの選挙でも、マニフェストがないわけではない。これまでも、地方議員の選挙でマニフェストを公表する政党がかなりあったことは確かなようである。しかし、イギリスの自治体には、ごく最近まで、日本の知事や市長に当たる首長は存在せず、地方選挙というと、議員の選挙のみを意味してきた。これらの議員で構成された議会（カウンシル）が議決機関と執行機関の双方の機能をになってきたわけであるが、その地方議会でも、多数の議席を占める政党が自治体運営の全権限を掌握するのではなく、全議員をふりわけた委員会が具体的な政策の決定に関与するという自治体が多かった。要するに、マニフェストで政策の約束をしても、それを必ず実現するというわけにはいかず、その結果、地方レベルの選挙

では、マニフェストはあまり大きな意味を持っていなかった。

ところが、2000年代に入ってから、後述するように、大ロンドンに公選の市長が出現するようになり、そのほかの自治体においても、2000年7月の法律で、公選の市長や「議院内閣制」を採用することができるようになった。そして、実際に公選の市長を有する自治体が現れてきた。「内閣制」を採用した自治体では、自治体運営の絶対的な権限を掌握する政党が登場するようになったのである[1]。これにともない、これらの自治体の市長選挙では、様々な工夫を凝らした市長候補のマニフェストが見られるようになった。また、「議院内閣制」を採用した自治体でも、政党がマニフェストで選挙戦を争うようになった。いわば、2000年代になってから、ローカル・マニフェストも非常に重要な意味をもつようになったわけである。

とはいっても、ローカル・マニフェストの歴史はまだ非常に浅い。実際に本格的なマニフェストで選挙戦を争ったという事例も、いまのところ、ごくわずかである。現時点では、それらを分析した資料ももちろん見あたらない。われわれ研究会の面々も、いままでのところ、残念ながら、現地での地方選挙を見て歩き、ローカル・マニフェストの実際の機能を調べるという機会に恵まれていない。

したがって、ここでは、まず中央政府レベルのマニフェストを題材にして、マニフェストとは如何なるものか、その具体的な内容はどのようなものか、そのつくられ方、

---

[1] 竹下譲監修・著『(新版) 世界の地方自治制度』イマジン出版、2002年7月、18-22参照。

等々について概略を解説し、その後、ロンドンを事例にローカル・マニフェストの解説を試みることにしたい。具体的には、大ロンドン政府が労働党政府のマニフェストにしたがって創設された経緯を説明し、その市長選で、無所属の候補者でありながら勝利を占め、現在の大ロンドン市長となっているケン・リビングストンのマニフェストの内容を見てみることにしたい。また、それと比較するために、ロンドン市長選の自民党候補のマニフェスト、そして、労働党候補のマニフェストを少し見ることにする。

中央政党のマニフェスト

(1) マニフェストは国民に対する契約書？

イギリスは議院内閣制を採用している。そのため、中央政府レベルで行われるのは国会議員（衆議院議員）の選挙だけである。これは日本と同じであり、その結果、国会議員の選挙は総選挙（general election）と呼ばれている。マニフェスト

として、イギリスで一般に意識されているのは、この総選挙での各政党のマニフェスト（manifesto）である。

このマニフェストは、各政党が政権を奪取した時には必ず実現する政策として公式に表明した文書、すなわち有権者に対する「誓約書」あるいは「契約書」であるといわれている。

マニフェストの冒頭には、政党の党首が書いた「はしがき」が掲載され、そこで、各政党の理念が表明されているというのが普通である。表紙には（あるいは最初のページには）党首の写真が大きく載せられていることが多い。各政党の候補者は、政党の候補者である限り、それぞれの政党のマニフェストにしたがって、選挙運動を

しなければならない。

　イギリスの国会議員の選挙は完全な小選挙区制である。イギリスは659の選挙区に分割され、各選挙区から1人の議員が選ばれる。当選者は各選挙区の選挙でもっとも多数の票を獲得した候補者である。これ以外の方法で、たとえば比例代表制で、衆議院議員に選出されるものはいない。各選挙区で投票されるためには立候補することが必要である。そして、制度的には、10人の有権者の支持があれば、個々人の意志で立候補することができることになっているが、現実には、立候補しようとすれば政党の公認が必要である。政党の候補者でないものは、立候補したとしても、当選する見込みはほとんどない。とくにイングランドでは、どの選挙区においても、労働党と保守党それに自民党の候補者が三つ巴で争うというのが一般的な形態であり、それ以外の候補者は、少なくともここ数十年は当選したことがない。したがって、イングランドで衆議院議員になろうとすれば、何はともあれ、政党の候補者にならなければならず、その結果、少なくとも当選の見込みのある候補者はすべてマニフェストにしたがって選挙運動を展開しなければならない。これがイギリスの総選挙である。

　選挙運動での各政党の結束力は非常に強い。政党の中がまとまっていないとか、ばらばらであるといううわさが流れれば、有権者はその政党の党首のリーダーシップに、ひいてはマニフェストの実現に不信の念を持つのが普通であり、また、その点が対立政党に攻撃されるといわれている[2]。

2　Robert Blackburn, The Electoral System in Britain, St. Martin's Press, London, 1998, p. 286

(2) マニフェストは何時つくられるのか？

　マニフェストの作成にはかなりの月日、数ヶ月の時間が費やされるようである。一般には、各政党は、総選挙になりそうな気配がでてくると直ぐに、すなわち実際の総選挙の数ヶ月前から、マニフェストの作成にとりかかるといわれている。しかし、最終版のマニフェストができあがるのは総選挙の直前である。たとえば1992年総選挙の各党のマニフェストを見ると、保守党が閣議でマニフェストを決定したのは総選挙の実施が宣言されてから2日後―1992年3月12日―であり、労働党は3月16日であった。総選挙は翌月の1992年4月9日に実施された。マニフェストが作成されてから投票日まで、20日間ほどしかなかったわけである。

　マニフェストの内容は、当然であるが、作成過程のなかで少しずつ変わっていく。一般には、時間がたち、総選挙が近づくにしたがって精密度が増していき、その内容も増えていく。ときには、1987年の労働党のように、内容をわかりやすくするという配慮から、検討を重ねるにしたがい、マニフェストの内容が短くなるということもあるが[3]、一般には、作成過程のなかでマニフェストの内容が充実し、分量も増えていくようである。たとえば1997年総選挙に際しての労働党マニフェストの変遷をみてみると、最初のマニフェストがつくられたのは1996年で、内容は（表Ⅰ）にみるように5項目明示するだけという簡単なものであった[4]。そして、その5項目は

3　David Butler and Dennis Kavanagh, The British General Election of 1987, Macmillan Press, 1988, pp. 69-73
4　David Coates and Peter Lawler ed., New Labour in Power, Manchester University Press, Manchester, 2000, pp. 11-12.

> (表Ⅰ)
> ## 労働党マニフェスト・第1次案（1997年）
> ―5つの誓約―
>
> 1．小学校の5・6・7歳児のクラスを30人以下にする。その財源は、失業対策などの助成金を減額することによって生み出す。
> 2．少年常習犯の逮捕から判決までの日数を半分に短縮し、裁判中の犯罪をおこさせないようにする。
> 3．国営医療機関の事務費節約で1億ポンドを捻出し、それを財源にして、入院待ちの患者を10万人少なくする。
> 4．民営化された企業の余剰利益に対する課税を財源に、25歳未満の失業者25万人に就業の場を与える。
> 5．政府の支出と借金を厳しく抑え、物価の上昇を抑え、経済力を強化する。

「誓約（pledges）」であると位置づけられていた。しかし、その後、徐々に内容の充実がはかられ、最終的に公表されたマニフェストでは10項目が掲げられた。しかも、それは「国民との契約（contract）」であると明示されていた。（内容は（表Ⅱ）を参照）

　また、この10項目の「契約」に付随して、マニフェストのなかでは、関連する政策あるいは「契約」を具体化するための施策が掲げられている。これについては、（表Ⅲ）を参照。

(表Ⅱ)
労働党マニフェスト・最終案（1997年）
―「国民との契約」―

1．労働党は教育を最優先事項とする。経済上の失策に対する支出を削減し、それを教育にまわす。
2．所得税の最高税率および基礎税率を引き上げない。
3．物価上昇率を抑えて経済の安定成長をはかり、産業の国内・国外での競争力を高める。
4．若年の失業者25万人を就業させる。
5．国営医療機関の事務費を削減し、患者に対するサービスの充実をはかる。
6．犯罪に厳しく対応する。犯罪の原因に対しても厳しく対処し、若年常習犯の裁判時間を短縮する。
7．強力な家庭・コミュニティをつくり、福祉国家の基盤とする。
8．環境を守り、交通渋滞・大気汚染に対応するための統一的な交通対策を工夫する。
9．政治の浄化につとめ、政治権力の分権化をはかる。政党に対する資金援助を適正で、責任の伴うものにする。
10．イギリスがヨーロッパでリーダーシップを発揮できるようにする。

(表Ⅲ)

労働党マニフェスト（1997年）
―重要政策の概略―

教育	・5〜7歳児の学級規模を30人以下にする。 ・すべての4歳児を受け入れられるように保育園を整備する。 ・教育水準の低い学校に改善を命じる。 ・コンピュータ技術を習得させる。 ・産業教育の大学を新設し、生涯教育を進める。 ・失業対策の一環として、教育に財源をまわす。
経済	・経済の安定をはかり、投資を促進する。 ・物価上昇を抑える目標を厳格に定め、住宅ローンの金利はできるだけ抑える。 ・今後2年間、政府の歳出総額を増やさず、現政府の歳出総額を上限とする。 ・5年間、所得税の増税をしない。 ・失業者を少なくするための予算編成をする。
産業	・技術、設備、新市場の面で、ビジネスの支援をする。 ・競争を促進させることによって、消費者の利益をはかる。 ・零細企業の支援をはかる。 ・最低賃金制度を導入する。 ・地方の経済成長を促す。 ・ヨーロッパでの発言力を強くする。
福祉	・「低所得者層」の増大を阻止する。 ・25万人の若年失業者に就業の場を与える。 ・長期失業者の雇用者の税金を下げる。 ・母子家庭・父子家庭を支援する。
医療	・入院待ちの患者を10万人少なくする。 ・保守党の家庭医制度をとり止める。 ・ガンの手術待ち制度をとり止める。 ・病院の室の改善をはかる。

●ローカル・マニフェスト

	・食糧基準をチェックするための独立機関を設置する。 ・公衆衛生の見直しをする。 ・医療に対する出費を毎年増額する。ただし、患者のための出費であり、病院経営の出費ではない。
犯罪	・少年常習犯を迅速に処罰する。 ・犯罪者をもっととがめることができるように、訴訟手続きを改善する。 ・警察官の書類作業を減らし、もっと現場に出すようにする。 ・小さな犯罪、地域の秩序を乱す犯罪を厳しく取り締まる。 ・拳銃の所持を禁ずる法律を制定する。
家庭	・両親が家庭生活と仕事のバランスをとれるようにする。 ・住宅所有のための支援策を講じる。 ・公営住宅の売却費を使ってホームレス問題に取り組む。 ・退職者が品位ある生活を送ることができるようにする。 ・基本年金を保証する。
住環境	・すべての省庁を"緑"を管轄する省庁とする。 ・鉄道、バス、タクシーなどすべての交通機関を便利でクリーンなものにする。 ・若者の芸術・スポーツの才能を発掘するための基金を設ける。 ・宝くじの見なおし。 ・農村部の生活環境を改善する。 ・2006年のワールドカップ開催に向けての支援をする。
改革	・貴族院議員の世襲制を排除する。 ・スコットランド、ウェールズへの分権をはかる。 ・地方自治体の自立と自己責任を確立する。 ・情報の公開を拡充する。
外交	・ヨーロッパの通貨統一に参加するかどうかの国民投票を行う。 ・EUの改革をリードする。 ・防衛を強化する。 ・国際連合の改善に努める。 ・世界の貧困問題に援助する。

●中央政党のマニフェスト

(3) マニフェストをつくるのは誰か？

マニフェストのつくり方は政党によって異なる。同じ政党でも、時代が違えばつくり方が異なるのは当然である。ほとんど同じ時期であっても、党首が交代すれば、その作り方が変わるようである。しかし、その策定に多くの人がからみ、とりわけ、党首をはじめとする政党の幹部が大きな影響力を発揮しているという点は、どの政党にも、どの時代にも、共通している。ジャーナリストや首相・大臣の政策助言者がマニフェストの作成に参加するということも多い。労働党の場合、1992年の総選挙までは、労働組合がマニフェストの作成に非常に大きな影響力を発揮していた。しかし、1980年代から90年代前半にわたる労働党の凋落のなかで、次第に労働組合との分離が検討されるようになり、現在では労働組合の影響力はあまりないようである[5]。

現実のマニフェストが実際にどのような経緯で作成されるかを、1987年総選挙における保守党のマニフェストを例にしてみてみると…。

この当時の保守党は政権党であり、党首のマーガレット・サッチャーは首相であった。しかも、この頃のサッチャーは、内閣を率いる首相として、さらには保守党の総裁としての絶頂期にあり、内閣さらには保守党内で、サッチャー首相に逆らえるものはほとんどいなかった。この状況からいえば、総選挙をいつ行うかはサッチャー首相の決断次第であるといえた。事実、総選挙の日程はサッチャー首相により1987年6月11日と定められたが、

5　Steve Ludlam and Martin J. Smith ed., New Labour in Government, Macmillan Press Ltd., London, 2001, pp. 77-78.

しかし、これは必ずしもサッチャー自身の考えだけで決められたものではなかった。経済情勢や社会情勢、さらにはそれに付随する世論の推移をみながら、保守党にとって最も有利と推定された日が選挙日に定められたのであり、その意味では、選挙日は客観的な情勢の中で自然と決まったものともいえた。そして、総選挙を実施しなければならないという客観的な情勢は選挙の1年前の1986年から色濃くなっていた。

そうした状況の中で、保守党は、1986年の7月から、どのようなマニフェストをつくるかという検討をはじめた。数人の国会議員、学者、実業家をメンバーとする政策グループが結成され、その政策グループによって、経済問題、雇用問題、治安維持、医療問題、教育問題、住宅問題、家族問題、青少年問題、外交問題の9分野の問題に保守党はどう対応するべきかという検討がはじめられたのである。この政策グループが結論をまとめたのは、それから5ヶ月後の12月であった。そして、その報告書はサッチャー首相に提出されたが、その後、この報告書をマニフェストにするという動きは少なくとも表面的にはみられなかった。

1987年1月になると、サッチャー首相は、今度は国会議員1人と首相の政策アドバイザー、そして首相秘書の3人を集め、マニフェストの原案の作成を指示した。この3人は閣僚の考えを調整するために、いわゆる大物の閣僚に加わってもらう必要があるとサッチャー首相に要請したが、サッチャーはそれに応えず、最終的に、財務省の2番目の大臣（閣僚ではあるが、その上に財務大臣がいる）を送り込み、その第二財務大臣がマニフェストの原案作成を統率することになった。

3月4日になると、このチームに、今度はタイムズ新

●中央政党のマニフェスト

聞の記者が加わった。選挙で有権者に約束する政策を具体的にマニフェストとして文章にするためであった。この新聞記者は1ヵ月後の4月3日に原案を書き上げ、首相に提出。その原案は、保守党の国家議員から成るマニフェスト委員会でチェックを受けることになった。そして、マニフェストの原案はこの委員会で修正された後、4月16日、マニフェスト委員会の案として、サッチャー首相をはじめとする保守党幹部（閣僚）の会議にかけられた。この会議では、多くの変更が提案され、検討された。そのなかには、マニフェストの形を変えようという意見もあった。たとえば、サッチャー首相は、前回（1983年）の選挙のマニフェストがどれだけ達成されたかを示す文書と、これからの政策として示すマニフェストを分離するべきであり、2つの文書にすべきであると主張した。これに対して、達成した政策の評価と今後の政策の約束は文字の色分けで区分したほうがいいと主張する閣僚もいた。結局は、サッチャー首相に押し切られ、1987年の保守党のマニフェストは2冊になった。このほかに、内容の面で首相が強引にマニフェストに導入した政策も少なくなかった。1987年の保守党のマニフェストには教育改革、公営住宅の民営化、地方税のポール・タックス化（人頭税の導入）など、いくつかの過激な改革政策が含まれていたが、こうした政策のいくつかは、この段階でサッチャー首相によって導入された政策であった。マニフェスト作成に深く関与したサッチャー首相の側近は、「マニフェストのほとんどはサッチャー首相によって決められた」といっているほどである[6]。

---

6 このマニフェスト作成の経緯についてはDavid Butler and Dennis Kavanagh, The British General Election of 1987, The Macmillan Press Ltd., Hampshire, 1988, pp. 39-45.を参照。

その後、サッチャー首相の報道官などが読みやすいマニフェストにするために表現の仕方を修正し、最終的に、当時としては過去に例のない分厚さ（77頁）のマニフェストが作成された。当時、イギリスの代表的な新聞であるタイムズ新聞はこのマニフェストを次のように評価していた。
　「保守党のマニフェストは、政権の座にありながら、それに安住せず、今後のあるべき政策を思考し、その実現のために敢えて危険を犯すという内容のマニフェストである。反対勢力が強いにもかかわらず、あるべき目標を掲げ、その実現のために、戦っていこうというものである」[7]。
　このマニフェストに関して保守党内で最も懸念されたのはポール・タックス（人頭税）の導入であった。これは、それまで税金をほとんど払っていなかった国民にも負担をしてもらい、納税者になることによって、市民としての自覚をもってもらおうということをねらいとしていた。国民に市民としての、あるいは納税者としての自覚をもってもらわない限り、イギリスの改善はできないというサッチャー首相の信念ともいえる政策であった。しかし、保守党が総選挙で圧倒的勝利をしたものの、このポール・タックス導入の政策は国民の理解を獲得することができなかった。サッチャー首相はそれを無理に実現したが、結果的にそれがサッチャー首相の命取りになってしまった[8]。ポール・タックスを実現する途中で、国民の強い反発を受け、その結果、保守党の地方議員さ

7　Ibid., p. 172
8　ポール・タックス導入、それに原因するサッチャー首相の退陣という経緯については、竹下譲・佐々木敦朗『イギリスの地方税―中央政府と地方自治体の葛藤―』梓書房、1995年、1‐122頁参照。

らには国会議員もサッチャー首相に反旗を翻すようになったのである。客観的にいえば、ポール・タックスの導入を見合わせるほうが得策だということが明々白々であった。それにもかかわらず、そして、恐らくはサッチャー首相自身にもそれがわかりきっていたにもかかわらず、強引にそれを実施したのは、マニフェストで約束していたからだといえようか？

(4) マニフェストの形態

　政党のマニフェストは、少なくともその外形は、1980年代にはいってから劇的に変貌した。それまでのマニフェストは、小さくて安そうなパンフレットで、単純に政策を並べたてているだけであった。それが、1987年の総選挙のときに、魅力的な高級パンフレットに変わり、以後、1992年、1997年、2001年の総選挙で、豪華なマニフェストが公表されるようになっている。国民の琴線に訴えるような題名もつけられるようになった。たとえば1992年の保守党のマニフェストをみると、表紙にメジャー党首の豪華装丁の写真を掲げ、その上に、『最良の未来に向かって（The Best Future forBritain)』という題名をつけた。同じ年の労働党の場合は、写真をふんだんに使い、労働党が考えている政策をイメージしやすいようにしていた。その題名は『イギリスの復活の時がきたIt's Time to Get Britain Work Again』という魅力的なものであった。自民党はマニフェストを大判で豪華な装丁本にし、『イギリスの変革（Changing Britain for Good)』という題名をつけていた。

　このようにマニフェストが豪華な冊子に変貌したのと同時に、各政党はそれを国民に購入してもらうという努

力もするようになった。大きな本屋で販売するようになったのである。1992年時点では、保守党のマニフェストは1.95ポンド（約400円）、労働党は1ポンド（約200円）、自民党は1.50ポンド（約300円）であった。なお、労働党のマニフェストは、2001年の時点では、2.5ポンド、約500円に値上がりしている。

　1987年以後、マニフェストは急激に詳しく、かつ、ボリュームの多いものになった。たとえば保守党の1987年のマニフェストは70頁もあった。もっとも、この年の労働党のマニフェストは、当時のキノック党首の「マニフェストは簡潔にする」という方針もあって、17頁しかなかったが、それ以後のマニフェストは頁数も多くなり、2001年の労働党のマニフェストは45頁になっている。

　しかし、これらのマニフェストの発行部数は意外に少ない。たとえば1992年時点の発行部数は各党とも20万部くらいであり、その後の総選挙でも、それほど増えていないようである。もっとも、1983年時点では、保守党のマニフェストは9万部、労働党は10万部、自民党は6.5万部であったことからいえば[9]、大幅に増加したといえるが、それでも非常に少ない。しかし、この発行部数については、新聞報道の特色を加味して考える必要があろう。

　イギリスで発行部数が多い新聞は、日本の夕刊フジのようなタブロイド版の新聞であるが、タイムズ新聞やガーディアン新聞などの新聞はもちろん、これらの大衆紙でも、マニフェストの詳しい内容が掲載されているのである。

　大衆紙にはミラー新聞やサン新聞のように、発行部数

9　Robert Blackburn, The Electoral System in Britain, St, Martin's Press, London, 1995, p. 287.

が400万を越すような新聞が多く、その読者数からいえば、国民のほとんどがマニフェストを見る機会をもっているといえる。

(5) マニフェストは政権の"旗艦"

マニフェストは、政党が政権を獲得してから以後は、政策策定の旗艦（flagship）あるいは指令部の役割を果たすということがよくいわれる[10]。新政権の運営はマニフェストに示された政策にしたがって行われることになるからである。マニフェストに示された内容と既存の法律が食い違う場合には、新政府は法律の改正に取りかかるということになり、また、現実に実施されている行政サービスと政策が矛盾する場合には、すぐに、その行政サービスを見なおすということになる。

マニフェストでは、通常、政策の優先順位がつけられている。たとえば、前述の1997年の総選挙における労働党のマニフェストを見ると、教育政策を最優先する政策と位置づけ、しかも、歳出総額は現状のままで2年間増額しないと、国民と「契約」していた。その結果、1997年に登場したブレア労働党政権は、他のサービスの予算を削って、教育政策に投入したが、これはマニフェストがなければ、不可能であったろう。少なくとも、大きな騒動になったことは確実といってよい。何の根拠もなしに、他省庁の予算を削ろうとすれば、抵抗勢力が現れるのは必然といえるからである。

イギリスのここ数代の歴代の首相は、政策の策定・実施に関して強力なリーダーシップを発揮してきたし、現

10　Philip Norton, Does Parliament Matter?, Harvester Wheatsheaf, Hertfordshire, 1993, p. 54.

在のブレア首相も、新聞などで見るように、圧倒的に強いリーダーシップを政権党内で、また、国会内で発揮している。これは、首相がマニフェストにしたがって、すなわち「国民との契約」にしたがって、行動しているからともいえるのではなかろうか。

　また、イギリスの首相や大臣は内閣の中で、さらには中央省庁の中で、官僚を押さえこむ力を誇っているが、こうした力を発揮できるのも、マニフェストという確固とした根拠があるからだというべきであろう[11]。

11　首相・大臣と官僚の関係については、竹下・横田・稲沢・松井『イギリスの政治行政システム』、ぎょうせい、2002年、35-71頁参照。

(6) マニフェストの効用

　マニフェストは、選挙の段階でも、もちろん大きな働きをする。第一に、有権者は、労働党を選べば世の中がどのように変わるか、保守党あるいは自民党を選んだ場合はどうなるのか、という点が明確になる。言い換えれば、有権者が一票を投じる際の判断材料を提供するという役割を、マニフェストは果たしている。これはマニフェストのもっとも大きな効用といっても言い過ぎではない。

　現在の日本の総選挙では、必ず実行するという政党の公約は存在しない。かなりの分厚さをもった「選挙公約」を各党は出しているようであるが、ほとんどの国民はその存在を知らず、知っているとしても、それが必ず実行される政策だとは誰も思っていない。個々の候補者で、自分の公約として、所属する政党の「選挙公約」を宣伝しているものもほとんどいない。とくに政権をとれそうな政党の場合はそうである。個々の候補者の宣伝している「公約」が、政党ではなく、自分自身の「公約」であるということも多い。そして、それが政党の「選挙公約」と矛盾しているという場合もよく見かけることができる。こうした状況の下では、有権者は誰に投票してよいか、どの政党に投票してよいか見当がつかず、結果的に、選挙に無関心になっていく。投票に出向いたものも、候補者や政党の識別が出来ず、そのときの雰囲気で投票してしまうということも多いはずである。

　また、候補者（もしくは政党）の政策が分からないままの投票行動は、候補者（もしくは政党）を全面的に信頼し、すべてを委任するということを意味する。その結果、一票を投じた政党が政権をとったとしても、その政党が実施する政策が自分の思惑と異なる場合には、不満を感じる

ようになる有権者が多い。その一方では、種々様々な要求を当選者にぶっつけ、その実現を迫るという有権者も少なくないようである。当選者（もしくは政権を握った政党）も、大きな勢力をもつ有権者の要求については拒むことができず、結果的に、悪政になってしまうことが多い。

　これに対して、イギリスの場合は、マニフェストがあるために、有権者は、Aという政党の候補者に投票すれば、どのような行政サービスを期待することができるか、B政党に投票すればどうなるかを判断することができる。したがって、選挙が終わってから、自分が投票した政党に不満をもつものは、少なくとも選挙後しばらくは、ほとんどいないようである。マニフェストで明示した政策を実施しない場合には、不満が大きくなるが、これは政権党の約束違反であり、当然の現象といわなければならない。ただし、1989年から90年にかけて、当時のサッチャー保守党政府がマニフェストに掲げたポール・タックス（人頭税）を実施し、そのために、多くの有権者から反発されたこともある。そして、最終的にサッチャー首相の退陣という事態になったことがあるが、これは例外というべきであろう。

　また、有権者が、マニフェストで明示された政策にお構いなく、種々様々な要求を当選者に押しつけるということもほとんどないという。政党の政策がマニフェストで公表されている以上、これは当然であり、仮にそうした無茶な要求をしても、政権党はマニフェストを盾にしてそれを拒絶することができる。

　マニフェストは日本のスポーツ新聞にあたるような大衆紙でも報道され、その結果、ほとんどのすべての国民が読むチャンスをもっている。このことは前述したが、新聞は単にマニフェストを紹介するだけではない。各政党のマニフェストを評価したり批判したりする。読者のなかには、

● 中央政党のマニフェスト

マニフェストの内容を読んでというよりも、むしろ、これらの新聞の評価や批判を読むことによって、各党の政策の意味を理解しているものが多いといわれるほどである[12]。

マニフェストは、また、政党間の議論をもたらすものでもある。一般に、野党が与党を批判しようと思えば、それまでの与党の実績を批判すればよいが、しかし、有権者の立場からいえば、こうした批判を聞くだけでは意味がない。野党がどのような具体的な政策—実現可能性のある政策—をもっているのかを示してもらうことが必要である。これを現実のものにしているのがマニフェストであり、イギリスでは、与党も野党の政策を批判し攻撃することができる。各党が、お互いに、相手方のマニフェストをターゲットにして、それぞれの政策の欠陥を指摘し、自分の政策の利点を強調することができるのである。これは、有権者にとって、各政党の政策の功罪を知る上で、非常に参考になる。有権者すなわち読者がこの政党の論争に興味をもっているからであろう。このような論争は、新聞に詳しく報道されている[13]。

マニフェストの存在は政党に統一性を与えるという役割も果たしているといえる。マニフェストにより、候補者は所属する政党の政策を明確に理解することができ、それと矛盾しない行動をとることができるからである[14]。

マニフェストで明示された政策がどれだけ実現されたのか。

この点を明確にすることも、有権者にとっては重要で

12　David Butler and Dennis Kavanagh, pp. 163-188.
13　Ibid., pp. 102-103
14　Robert Blackburn, p. 287

ある。どれだけ立派な政策を掲げても、それを実現しなければ意味がない。日本の政党の選挙公約は「ウイッシュ・リスト」であり、実現は考えていないということがよくいわれるが、こうした公約では全く無意味である。

　イギリスのマニフェストは実現するということを前提としている。しかし、それでも、実現できないことはあり得る。政策を実現しなければ、次の選挙では、もちろん、反対党から激しい攻撃を受ける。有権者はこの野党の攻撃から状況を知ることもできるが、それに加えて、政権党自身もどれだけの政策を実現できたかを明確にしている。これがイギリスのマニフェストの特色でもある。

　たとえば1997年の総選挙で政権を獲得した労働党は、そのときのマニフェストで「若年の失業者25万人を就業させる」という政策を掲げていたが、2001年の総選挙のマニフェストで「28万人以上の若者を就職させた」とその目標の達成を宣言している。これに対して、保守党は「評価が甘い」と反論していたが…。

　いずれにしても、このような政策評価が有権者の政党選択の大きな判断材料になっていることは確かといってよい。

　参考までに、1997年のマニフェスト達成度の労働党の自己評価を、2001年の労働党のマニフェストで見てみると、次頁のようになる。

(表Ⅳ)

自己評価によるマニフェストの達成度（労働党）

1997年5月総選挙時の約束	評価	2001年6月総選挙時の達成度評価
●教育を最優先事項とする。 ●経済上の失策に対する支出を削減し、それを教育にまわす。	○	●2001年9月には5〜7歳児の30人以上のクラスはなくなる。 ●失業対策費を毎年90億ポンド削減し、教育費を増額した。その結果、教育費の国民所得に対する比率が4.7％から5.5％になった。
●所得税の最高税率および基礎税率を引き上げない。	○	●所得税の基本税率を2000年4月に引き下げた。最高税率は上げていない。これにより、子ども2人で所得者は一人という世帯の直接負担税は1972年以来の最低額となった。
●物価上昇率を抑えて経済の安定成長をはかり、産業の国内・国外での競争力を高める。	◎	●インフレ抑制は目標通り。財政赤字も前保守党政権時代より少なくなった。 ●経済成長率は、1987年以降、平均2.75％である。 ●国民の平均生活水準は、97年に比べて、10％向上した。
●若年の失業者25万人を就業させる。	◎	●28万人の若年失業者が労働党の措置によって就業した。若者の長期失業者の比率は75％減少した。現在の若者の失業率は1975年以来の最低水準になった。
●国営医療機関の事務費を削減し、患者に対するサービスの充実をはかる。	◎	●1987年に比べて、入院患者は67万人、外来患者は65万人増やすことができた。 ●医師が6,700人、看護婦は17,100人増員した。 ●これにより、入院待機患者は124,000人少なくなった。

●ローカル・マニフェスト

1997年5月総選挙マニフェスト	評価	2001年6月総選挙マニフェスト
●犯罪に厳しく対応する。犯罪の原因に対しても厳しく対処し、若年常習犯の裁判時間を短縮する。	○	●97年から5年以内に、少年常習犯の逮捕から判決までの所要時間を半分に短縮すると約束したが、それを142日から89日に短縮した。 ●犯罪件数は、97年から99年の間に、10％少なくなった。
●強力な家庭・コミュニティをつくり、福祉国家の基盤とする。	△	●第1子児童手当を25％増額。親の休暇権の制度を導入し、妊娠中の休暇制度を創設した。 ●来年、基礎年金を、1人暮らしの場合は75.5ポンド、2人の場合は120.7ポンドに増額する予定である。
●環境を守り、交通渋滞・大気汚染に対応するための統一的な交通対策を工夫する。	△	●交通対策に今後10年間に1800億ポンド投入することになっている。 ●温室効果ガスを23％少なくする予定。
●政治の浄化につとめ、政治権力の分権化をはかる。政党に対する資金援助を適正で、責任を伴うものにする。	○	●政党助成基金の法制定の最中である。国民投票制度についても、法律を制定中。 ●スコットランド国会、ウェールズ議会を設立し、立法権をはじめとする権限を大幅に移譲した。 ●大ロンドン政府を創設した。
●イギリスがヨーロッパでリーダーシップを発揮できるようにする。	○	●ヨーロッパ経済改革をイギリスがリードした。 ●コソボでは、人種差別をなくすために、イギリスの軍隊が重要な働きをした。

●中央政党のマニフェスト

注）評価の◎は「十分」○は「まあまあ」△は「不十分」を意味する。この評価は四日市大学地域政策研究所ローカルマニフェスト研究会の判断である。

(7) **"イギリスのための野心(Ambitions for Britain)"**
　　　―2001年労働党マニフェスト―

　前回の総選挙（2001年）でも、もちろん各政党とも内容のあるマニフェストを作成した。そして、それらのマニフェストにもとづいての争いの結果、労働党が40.7％の票数を獲得し、1997年に続いて、政権を獲得した。保守党の得票率は31.7％、自民党の場合は18.9％であった。

　要するに、現在は、労働のマニフェストで示された政策が実行に移されつつあるわけであるが、そのマニフェストを見ると、今回の選挙は前回の選挙よりもっと重要な選択である強調している。「前回のマニフェストで国民と契約したのは、イギリスの基盤づくりであり、それは実現した。今度は、イギリスの未来づくりであり、リニューアルである」と主張しているのである。そして、2010年までに実現する目標として次の10目標を掲げ、それを達成するために、いくつかの政策を実現したいという"野心"をブレア首相の名前で表明している。たとえば、中等学校の抜本的な見なおしや、福祉国家の内容の見なおし、コミュニティ（地域社会）の強化、それによる犯罪の防止などをうたいあげている。それを実現するために、もっと具体的な政策、さらにはその財源を明示しているのはもちろんである。

　多くの有権者は、このマニフェストを他の政党（保守党や自民党）のマニフェストと比較考慮し、あるいはマニフェストに対するマスコミの批判や評価を参考にして、労働党の政策を選択し、その実現を労働党政府に委託したといえるであろう。

　労働党が現実にそれをどのように実現していくか。それを本当に実現できるのかという点についても、マニフ

(表Ⅴ)

2001年に向けての目標

・経済の長期的安定
・全国民の生活水準の向上
・中等教育水準の引き上げ、進学率の向上
・迅速な治療、自由な受診の実現
・全国すべての地域での完全雇用
・年金の保障と児童福祉の充実
・裁判制度の近代化
・権限と責任を有する自治体の創設
・ヨーロッパのリーダーシップを獲得
・世界的な貧困と気象異常に対処

ェストがその実現方法でかなり具体的に示しているために、有権者は容易に監視することができる。もちろん、最終的な監視は、次の選挙で行われることになるが…。

3 ローカル・マニフェスト
―大ロンドン市長選のマニフェスト―

(1) 大ロンドンの市長選挙

　一般にロンドンといわれる地域には約700万人の住民が住んでいる。世界有数の大都市で、チューブと呼ばれる地下鉄が網の目のように走り、地上では2階建ての赤いバスが縦横に走っている。車の数も多く、また、毎日、100万人を越す通勤客が列車やバスで、あるいは車を運転してロンドンにやってくる。観光客も非常に多い。企業も多く、たくさんの大企業の本社がロンドンにある。店舗も多く、世界的に有名な百貨店や専門店が多い。

　この大都市ロンドンに、昔は大ロンドン県（Greater London Council）と呼ばれる自治体があったが、これが1986年に当時の保守党政権によって廃止されてしまった。それ以後、ロンドンの行政業務は33の区役所で処理され、また、バスや地下鉄は国によって運営されてきた。消防は区が結成した一部事務組合が、また、警察は国の内務省の配下にあるロンドン警視庁が管轄してきた。

　しかし、1990年代の半ば頃になると、当時野党であった労働党がロンドン全域にわたる自治体政府の必要性を主張するようになり、1997年の総選挙のマニフェストで、次のように、大ロンドン政府を創設する政策を打ち出した。

　「公選市長を擁する大ロンドン政府を樹立する。公選の市長は、議会とともに、ロンドンの将来のニーズを把握し、計画を策定する権限を有するが、このロンドンの新政府の業務は区役所の業務と重複しないものとする。

ロンドン新政府は、ロンドン全域にわたる問題―すなわち、経済再生、広域計画、警察、交通、環境保全―を処理する。ロンドン全域にわたる独自の政府の創設は緊急に必要である。われわれ労働党はそれを創設するが、その前に、住民投票で住民の意向を確認することにする。」

　このマニフェストのもとで労働党が総選挙を勝ち、政権を奪取した。ブレア労働党政府が出現したわけであるが、ブレア政府は直ちにロンドン担当大臣を配置し、具体的な大ロンドン政府設置を検討し始めた。そして、2ヵ月後の1997年7月には、「ロンドンの新リーダーシップ」と題する大ロンドン政府の構想を公表し、国民の反応を見た。これに対して1200件を超える国民の意見が集まった。ブレア労働党政府は、これらの意見を参考にして最初の構想の手直しをし、1998年3月、改正版の構想―「ロンドン市長と議会」―を発表した。

　労働党政府が示した大ロンドン市の構想の最大の特色は、すでにマニフェストで示されていたが、公選の市長制を採用するというところにあった。それまで、イギリスには公選の市長とか知事というものは存在せず、議会が日本の首長と議会の双方の機能を果たしていたのであるから、これは大改革であった。具体的には、公選の市長（Mayor）と議会を有する大ロンドン市の構想が、労働党政府により示されたわけである。ただし、この議会の議員の中から、「副市長」および執行機関幹部が市長によって選ばれるという点で、日本の地方議会とは違いがあった。

　労働党政府は、また、1997年のマニフェストで「住民全体の意見を住民投票で確認した後」と約束していたため、1998年5月7日、大ロンドン市の創設に賛成か反対

かの住民投票を実施した。結果は、投票者の72％が賛成であった。こうして、大ロンドン市政府を創設する法律が制定され、イギリスではじめての市長選挙が2000年5月に行われた。

　首都ロンドンの市長選挙は、イギリス最大の都市の首長を選挙で初めて選ぶというだけではなく、実力的に、首相に次ぐポストであるという認識が広まり、マスコミは沸きかえった。はじめの頃は、保守党の前衆議院議員で有名なベストセラー作家であるジェフリー・アーチャー圧倒的に有利であるというマスコミの報道が多かった。しかし、女性スキャンダルの問題であえなく消えてしまった。その結果、労働党が有利になっていったが、労働党の中で立候補に最も執着していたのは、1986年に廃止された大ロンドン県のリーダーとして当時の保守党政府と激しく対立したという経歴を持つケン・リビングストン（2000年当時は衆議院議員）であった。ところが、リビングストンは極左として名前を売っていた人物であり、極左勢力を排除して国民の人気を得てきた労働党のブレア首相にとって好ましい候補者ではなかった。極左のリビングストンがロンドン市長になれば、前の大ロンドン県のときと同じように暴走し、国民に大ロンドンが見離されるようになる。ひいては労働党が見離されるとブレア首相は懸念していたのである。このため、ブレア首相は候補者の選定に干渉し、結局、別の候補者を労働党の候補者として選出することに成功した。それまでのイギリスの地方選挙（議員選挙）では―スコットランドやウェールズでは状況が異なるが―、労働党か保守党あるいは自民党の候補者として立候補しない限り、当選することは不可能に近かった。そのことから言えば、リビングストンにとって、労働党の候補者になれなかったこ

とは、致命傷であった。しかし、リビングストンは敢えて無所属で立候補した。

　これは、ひとつには、イギリスの選挙では、有権者が各候補者のマニフェストをみて、比較し、投票するという風潮が行き渡っているためだと考えられる。1980年代前半の大ロンドン県の責任者であり、それ以後もロンドン選出の衆議院議員であったリビンズストンには、適切なマニフェストをつくり政党候補に対応できるという自負があったはずだからである。事実、リビングストンは、労働党や保守党さらには自民党のマニフェストと堂々と対抗できるマニフェストを、それどころか、政党のマニフェストを凌駕するマニフェストを公表し、ロンドン市長選に挑んだのであった。

　選挙では、ブレア首相が率いる労働党によってかなり露骨な妨害を受けたものの、また、マスコミのなかにもリビンストンに反対するキャンペーンを展開したところがかなりあったが、リビングストンは各政党の候補者を打ち破り、初代のロンドン公選市長に当選した。このマニフェストを、他の候補と比較する形で、紹介することにしたい。

(2) 大ロンドン市長候補のマニフェスト

　大ロンドン市が関係する業務は警察、交通、消防、開発計画の策定などに限定されている。したがって、各候補者のマニフェストが重視している政策はかなり共通していた。たとえば、どのマニフェストも交通に重点を置くものであった。また、ロンドンの安全を強調するという点でも共通していた。しかし、そうはいっても、各候補者のマニフェストには違いがあった。この違いは、政

策の具体的な内容という点でも現れていたが、もっとも大きな違いは、候補者の姿勢の違いであった。政党の方針にどっぷりと浸かり、候補者自身の考えや政策をほとんど打ち出していないマニフェストもあれば、政党と全く関係のないことを強調しているマニフェストもあった。

市長に当選したケン・リビングストンはマニフェストを公表した直後に、次のように、無所属であることを強調していた。

「ロンドンの住民が、自分達自身でロンドンを運営することができるようになりました。市長職は、政党ではなく、ロンドンの人々を代表するものであると信じています。そのために無所属で立候補しました。そして、ロンドンの皆さんに政策を選択してもらうために、他の候補者よりもはるかに詳しいマニフェストを出しました」[15]。

また、この姿勢を具体化するために、マニフェストのなかで、「開かれた政府（open government）」にするという政策を打ち出していた。少し長くなるが、引用してみたい。

「新しい政治スタイル、新しいガバナンス

マーガレット・サッチャーが、大ロンドン県を廃止し、ロンドンの住民の反感を買ってから15年が過ぎました。これにより、ロンドンは圏域全体を統括する自治体が存在しない唯一の首都として、甚大な被害を被ってきました。この度、新しい政治スタイルと新しいガバナンスによって、ロンドンを運営するチャンスが訪れました。無

---

[15] BBC News, London Mayors News, 17 April, 2000, http://news.bbc.co.uk

所属の市長として、私は、これまでのイギリスではもっとも開かれた、アクセスのしやすい、すべての住民のための自治体にしていくつもりです。誰が市長になるかは、ロンドンに何をもたらすかで決められるべきものであり、政党に何をもたらすかで決められるものではありません。私は次のことを実行します。

- 重要な文書と情報へのアクセスを保障するために、市長と市議会の情報公開規則を制定する
- ロンドンのホームページを更新し、市長のホームページを創設する。これによって、ロンドンの住民は、市長や市議会、また、すべての公共サービスの情報にアクセスすることができ、さらに、住民の意見を聞くことができる。
- 大ロンドン市の幹部会の議事録を市長のホームページで公表し、また、パブリック・コメントの仕方をホームページで公表する。

私は、市長と市議会の仕事について、ロンドンのすべてのコミュニティの参加と関与をできる限り促進し、ロンドンをよくするための政策をつくっていきたいと思っています。そのために、市長になれば、私は、次のことをします。

- 市長のホームページのなかに、オフ・ライン、掲示板を設け、市民参加を促進する。ここで交わされた意見は、市長と市議会に直接届けられるようにする。
- ロンドン市民フォーラムは、公共、民間、ボランタリーのそれぞれのセクターを代表し、ロンドンのコミュニティや黒人系フォーラムなどの声を伝える無党派の総合的な組織でもあるので、支援する。
- 市長と市議会議員と住民との討論の場である「クエッション・タイム」の運営進行を、市民フォーラム

にゆだねる。　　　　　　　　　　　　　　　　　」

　このように住民の立場に立つという姿勢を明示する候補者はほかにいなかった。それどころか、政党から選ばれた候補者としての姿勢を明確に示すものがほとんであった。
　もっとも、自民党の候補者であったスーザン・クラマーはそのマニフェストのなかで「ロンドンはロンドンの住民のものである」と明示し、「多くのロンドンの住民と話し合ってきた」と強調していたが、住民に基盤を置くかどうかという点については全く触れていなかった。むしろ、この候補者のマニフェストは政党（自民党）によってつくられていることが明白であった。表現の仕方も、「私が…する」というのではなく、スーザン・クラマーが市長に選ばれれば、「彼女は…をするだろう」となっていた。
　このようなマニフェストの比較からいえば、少なくとも一般的な日本人の感覚からいえば、ケン・リビングストンが市長に選ばれたのは当然といえるのではなかろうか。
　各候補者のマニフェストの間には、具体的な政策提示の仕方にも違いがあった。たとえば、犯罪防止のための政策ということで、労働党の市長候補も自民党の候補も、またケン・リビングストン候補も、警察の強化を打ち出していたが、労働党候補は単に警察官の増員を示すだけであったのに対し、自民党候補とケン・リビングストン候補は、黒人警察官やアジア人警察官の増員や性的ハラスメント対策など、警察の強化策をもっと詳しく提示していた。また、この２人の間にも違いはあった。もっとも大きな違いは、ケン・リビングストン候補が、次のよ

うに、住民の声を聞くことを重視している点であった。
　「犯罪対策のためのパートナーシップを構築しようという労働党政府の閣議決定を支持します。このパートナーシップを実現すれば、住民が何を最優先するべきであると考えているかを聞くことができ、また、警察と自治体、コミュニティの新しいパートナーシップを工夫することができるはずです」。

　ケン・リビングストン候補のマニフェストには、見方によっては、越権行為の政策ともいえる政策が提示されていた。この点も、他候補と大きく違うところであった。たとえば、学校教育はロンドン区の管轄業務であり、大ロンドン市には権限はないにもかかわらず、「何の資格も得ることなく卒業していくものが多すぎることをないがしろにできない」という理由のもとに、市長に当選すれば次のようにすると宣言していた。
　・ロンドン区とともに、ロンドンの学校が適正な国家財源をもらえるように、国に求めていく。
　・学業水準が特に低い学校、黒人や少数民族の子供達を排除しているような学校を監視するタスク・フォースを設立する。

　このような法的に権限のないことを現実に実行できるのか否か、若干の疑問は残るが、住民の立場に立つという前提のもとでは、こうした「誓約」をするのは自然の成り行きともいえそうである。そして、こうしたケン・リビングストンの姿勢がロンドンの有権者を引きつけたことは確かといってよいであろう。事実、2000年5月の市長選挙では、ケン・リビングストン候補は39％の票を獲得した。次点は保守党のスティーブ・ノリスで、得票

率は27％、労働党のフランク・ドブソンは13％、自民党のスーザン・クラマーは12％であった。

　次に、ローカル・マニフェストが実際にどのようなものであるかをみるために、ケン・リビングストン候補のマニフェスト（抄訳）を紹介することにしたい。このマニフェストで示された政策がどれだけ実現したかが、次回の選挙で、評価され、論争されるわけである。

(3) ケン・リビングストン（現市長）マニフェスト（抄訳）

親愛なるロンドンの皆さん

　ロンドンは、いかなる点からも世界規模の都市です。ロンドン市長とロンドン市議会の直接選挙によって、ロンドンの皆さんに、自らの地域を統治し、自らの優先課題に決定を下す権利が与えられるのです。

　私は、市長職とはロンドンの皆さんを代表するものだと信じていますので、無所属で立候補します。もしも、候補者や政策が中央によって強制を受けていたとしたら、地方分権は意義を失ってしまいます。

　ロンドンから、英国のロンドン以外の地域に、多額の補助金が出ています。その額は、年間190億ポンドという推計もあります。一方で、ロンドンの公共交通は分断された状態ですし、裕福な地域があると思えば、その近くには、ヨーロッパでもっとも恵まれない地域もあるのです。ロンドンは、こうした都市独自の問題に対処していく必要があります。

　ロンドンの住民や企業が払う税金は、今よりも多くロンドンに返ってこなければなりません。地下鉄の乗客が安全に、かつ、安く利用することができるような信頼のおける地下鉄になるよう、近代化を進める必要があり、それには、さらに、資金が必要です。

　地下鉄の経営を分離して、部分的に民営化しようと政府はしていますが、そのようなことをすれば、すでに民営化された鉄道で経験しているように、

混乱が起き、安全性も低下します。私は、最も住民に負担がかからない方法で、さらなる資金を獲得して、地下鉄に対する政府補助金が適正な水準になるように力を注ぎます。ロンドン地下鉄の将来はロンドンによって決められるべきです。

　ロンドンの公共サービスについて、今、問題となっているのは、ロンドンの高い家賃を支払えない給与の低水準で、職員の採用も定着もできないということです。私は、首都に暮らすための追加手当が完全に認められるよう、現在の手当ての増額を目指して議論を精力的に重ねていくつもりです。

　さらに、都市計画の責任を持つのは市長です。私は、ロンドンの皆さんに、より安価な住宅を提供できるように、計画を進めます。

　ロンドンの犯罪に対処するために、ここ数年で削減された2000人の警官を元に戻して、ストリートで犯罪の防止にあたらせなければなりません。

　最後に、ロンドン政府は、開かれた透明な政府でなければなりません。そのために、私は、次の3つの約束を守り抜きます。

- ロビーイストが大ロンドン市の建物に出入りすること、および大ロンドン市職員と接触することを認めません。
- 無所属の市長として、私は、いかなる院内総務や党組織に拘束されません。
- 私は、他の候補を中傷するキャンペーンは一切いたしません。今こそ、ロンドンの重要課題について議論をするときだからです。

ケン・リビングストン

新しい政治、新しいガバナンス

　マーガレット・サッチャーが、大ロンドン県を廃止して、ロンドンの住民から反感を買ってから15年が過ぎました。

　そのことでロンドンは、県域全体を統括する自治体のない唯一の首都として、甚大な被害を蒙ってきたのです。

　今、新しい政治と新しいガバナンスによって、世界をリードするチャンスが訪れました。

　無所属の市長候補として、私は、これまでの英国で最も開かれた、アクセスのしやすい、誰も排除することのない自治体にしていきます。

誰が市長になるかは、政党が何をするかではなく、候補者自身がロンドンに何をもたらすかで決められることになるでしょう。
　私は、次のことを実行します。

- 重要な書類と情報へのアクセスを保証するために、市長と市議会の情報開示規則を公表します。
- ロンドン庁のホーム・ページを新しくし、london-mayor.com を創設します。これは、ロンドンの住民が市長や市議会、すべての公共サービスの情報にアクセスできるようにするためであり、また、ロンドンの住民と広く相談ができる電子政府を創るためです。
- 市長府の会議録、戦略計画の応募要綱を、市のウェブ・サイトで公表します。

　私は、市長と市議会の仕事について、ロンドンのすべてのコミュニティの参加と関与をできる限り促進し、ロンドンをよくするための政策と戦略の形成を図りたいと思っています。そのために、市長として、私は、次のことをします。

- 現在、毎年行っている「ロンドンについてのディベート」に加えて、市長のサイト〔london-mayor.com〕の中に、オフ・ライン討論、ウェブ・キャスト、掲示板を設け、市民参加を促進します。こうした場で交わされた意見は、市長と市議会に直接届けられるようにします。
- ロンドン市民フォーラムは、公共、民間、ボランタリーのそれぞれのセクターを代表し、ロンドンのコミュニティや黒人系フォーラムなどの声を伝える無党派の総合的な組織として、私は支援します。
- 市長と市議会議員とが、その行為や政策について、公開の場で討論する「クエスチョン・タイム」の運営・進行を、市民フォーラムに委ねます。
- 市長の重要戦略について、より広く、より集中的に討議できるよう、市長のウェブ・サイトを使います。

　大ロンドン市法（GLA Act）の中で、革新的だと思う条項は、「市長は、人種、性別、障害、性的嗜好、宗教に関係なく、すべての人が等しく機会を提供されるよう、市長は機会均等を図らなければならない」という条項です。

　市長として、私は、次のことをします。

- すべての委員会の委員任命、全職員の任用は、ロンドンの多様なコミュ

ニティが適正に繁栄することを目標とし、この目標が達成されているかどうかを監視することを保証します。
- ロンドンの経営者と協働して、全ロンドン市民に機会均等が保障され、特に、職員の採用における機会均等が保障されるようにします。

ロンドンの交通機関

市長と大ロンドン市にとって、最重要で最優先するべき課題は、ロンドンの交通システムを危機から救うことです。

ロンドン規模の都市には、ビジネスにもレジャーのためにも、効率的な交通システムが必要です。しかし、現実に目を向ければ、地下鉄と鉄道網はどちらも混雑し、バスの運行は非効率的であり、公共部門、民間部門どちらにとっても大きな問題となっています。

交通混雑は、道路をふさぎ、大気を汚染しており、ロンドンという街の投資価値を低下させています。20年間もこのような状態にあるロンドンの地下鉄や鉄道、そして道路の問題を、ロンドン市長は、解決しなければなりません。

特に、障害を持った人々がもっとアクセスしやすいような公共交通機関にする施策を促進すること、これを優先します。この施策には、ノー・ステップ・バスの導入や地下鉄や鉄道での乗り換えに要する時間について見直しをすることも含まれます。

私は、市長として、交通戦略を刷新し、地下鉄、道路、鉄道、バス、タクシー、運河といったロンドンの交通機関をすべて包含するような交通戦略を策定します。

運賃

大ロンドン県（GLC）の廃止以来、地下鉄とバスの料金は実質で46％値上がりしています。地下鉄で1マイルあたりの運賃は、コンコルドよりも高いのです。そこで、市長として、私は、次のことをします。
- 地下鉄運賃を、実質ベースで4年間凍結します。
- バス運賃を4年間凍結し、ロンドン全域に一律料金70ペンス（約140円）を導入できるかどうかの調査に至急とりかかります。

地下鉄への投資

　地下鉄は、ロンドンの交通機関の中心です。ロンドンの中心部で働く人の大半、旅行者の90％が、毎日、地下鉄を使っています。しかし、中央政府は、ロンドンの地下鉄に対する投資を削減しています。そこで、市長として、私は、ロンドンの産業界やコミュニティと協働して、クロス・レイル線とチェルシー・ハックニー線という新しい2線を整備していく長期的プログラムの実現を求めていきます。

投資経費を誰が支払うのか

　西ヨーロッパの地下鉄の財源は、旅客運賃と補助金によっているのが通常です。ロンドンの地下鉄は、中央政府が補助金を削減したために、不足分が全額、乗客の負担になってしまっています。

　市長として、私は、産業界、コミュニティ、労働組合と協働して、補助金の総額を長期的に安定させることを中央政府に約束させることで、地下鉄の近代化を図っていきます。

安　全

　サウソールの列車事故に関する公開審問は、民営化のために国有鉄道網が分断された結果、安全システムが崩壊してしまったと結論付けました。市長として、私は、同様な過ちを地下鉄では起こさせません。

　市長としては、効率が上がると考えれば民間に可能な限り任せるべきだと考えます。しかし、乗客の安全が、まず最優先されるべきです。したがって、3分の2のロンドン市民と同様、私は、政府が考えている案、すなわち、地下鉄を上下分離して3つのコンソーシアムそれぞれに、軌道、信号機、駅舎、橋、トンネル、エレベーター、エスカレーターの管理を30年間任せるという部分民営化案に反対します。

　市長として、私は、次のことをします。

・地下鉄のシステムを分断せずにひとつのまま、公共部門が保持するよう、分断・民営化案に徹底的に反対をしていきます。
・2つの地下鉄新線の建設に、企業と地域のコミュニティの力を導入して

●ローカル・マニフェスト

いきます。
- 地下鉄の近代化に必要な投資資金を獲得するのに、もっとも財政負担が少ない方法を模索していきます。現在、考えている方法では、起債し、その償還を運賃と補助金による方法が最も財政負担が少なくて済むようです。
- ロンドン交通局の上級管理者たちには、出張の際に公共交通機関を使うことを求めます。
- ロンドン市議会議員が運転手付の公用車を使うことに反対します。
- 主要地下鉄駅・鉄道駅について、障害者のアクセスを高める施策の実施を促進します。

交通混雑の減少

交通混雑はひどい状況であり、環境汚染の原因になっているばかりか、人々の時間を何万時間も浪費しています。

大ロンドン県のリーダーとして私が学んだことのうち最も大切なことは、自家用車を利用しづらくしようとするのは、公共交通機関を魅力あるものにすることよりも難しいということです。

ですから、私の優先課題は、バス、列車、地下鉄料金を安くして、さらに、信頼のおける安全な交通機関にすることです。そして、車を利用する人々が家に車を置いて公共交通機関を利用するようになることです。

私の最終的な目標は、2010年までに、ロンドン全域の交通量を15％削減することです。

この目標を達成するための戦略として、私は、以下のことをします。
- 家に車を置いてこさせるための動機付けとして、地下鉄運賃を下げること、バス・レーンを厳格に定めること、バス運賃を下げられるかどうかの可能性調査を行います。
- ロンドン中心部のうち、地域を限定して、不要な車の乗り入れをさせないために通行料を課して混雑を緩和するという方法について、幅広く意見を求めたうえ、私の任期中頃には、その通行料制度を導入し、その収入はすべて公共交通機関の改善に充てます。

　道路維持は、適切な協働のもとで進められるべきであり、また、年

●ローカル・マニフェスト―大ロンドン市長選のマニフェスト―

度末の駆け込み工事などさせてはなりません。

市長として、私は、次のことをします。
- ロンドンの基礎自治体と協働して、よりよい計画を作ります。
- 電気やガス・水道、電話ケーブルの工事は相互に連携を取ることで、市民に与える不便を最小限に抑えます。

犯罪対策には力を合わせて

犯罪、特に、凶悪犯罪がロンドンで、再び増加しています。ロンドンを世界一安全な首都にするために、警視総監のジョン・スティーブンスは市民が一致団結して犯罪に対処することが第一だと述べています。

この2年間で、ロンドンのどこの警察署でも、警官の数が減りました。今では、ロンドン全体で2万6千人です。

警官を2000人増員

市長として、私は、次のことをします。

- 警官の数を、ロンドンの警らに必要なレベルまで引き上げることが必要だという警視総監の計画に賛同します。私は、まずは、少なくとも、2000人の増員が必要だと確信しています。
- 採用や離職防止のために、警官の給与、就労条件、調整手当などの徹底した見直しを求めます。
- 警察行政のニーズと警察職員の住宅に関し、市長の新政策の対象とします。
- ロンドン全域におよぶ犯罪対策網をさらに強化します。
- 最新の犯罪捜査技術であるDNA鑑定や新世代CCTVの開発投資予算を増額する警視総監の案に同意します。
- ロンドン住民が首都警察の業績を正しく判断できるように、警察行政の有効性の評価をさらに精細にする警視総監の案に同意します。

全ロンドン住民のための警察行政

1981年に、黒人や少数民族の警察官登用を増加すべきだという勧告がさ

●ローカル・マニフェスト

れています。もしも、コミュニティが、警察を部外者と感じていれば、情報提供などの捜査協力にも非協力的にならざるを得ません。このことが、捜査の効率を落とし、犯罪対策の障害となっています。

市長として、私は、次のことをします。
・黒人の警察官を今よりも多く採用しようという警視総監の要望に同調した行動をとります。
・こうした要望を実現するために、民間のアドバイザー、コミュニティ組織、黒人警察協会、職業安定所、教育機関、訓練期間などの代表者で構成される支援組織を警視総監とともに立ち上げます。
・凶悪犯罪や、人種、宗教、性差、年齢、性的嗜好に対するハラスメントに関する対策では、一切の妥協をしないということを提唱します。

コミュニティの声を聞くこと

ロンドン全域に、犯罪等対策のためのパートナーシップを構築するという政府のイニシアチブ[16]を私は強く支援します。

市長として、私は、次のことをします。

・薬物関連犯罪を根絶するために、ロンドン全域のコミュニティを集めた会議を立ち上げるという計画に加わり、支援していきます。
・薬物ディーラーから没収した不当利益を使って、薬物からのリハビリテーションやロンドン全域にまたがる意識啓発プログラムの経費に充当していくイニシアチブを先導していきます。
・犯罪対策等のためのパートナーシップや犯罪減少施策がどのような仕事をしたかを毎年監査して、年次報告書の発刊を委託により行います。特に、これらのパートナーシップや施策が、どれだけロンドン住民をその活動の中に呼び込めたかに焦点を当てて報告します。

---

16 内閣発議。PFIなどと同様、内閣の強い権限を背景に遂行される政策の枠組。

保健衛生対策

　ロンドンの住民は、ロンドンの病院が危機的状態にあるという懸念を日に日に強くしています。財源難のために、建物は老朽化し、職員は不足しています。看護師については、必要とされる人数よりも20％少ないという現状です。

　こうした病院の問題は、一義的には、政府と国民保健サービスの仕事ですが、市長として、ロンドン住民のために、近代的で資金も潤沢な病院になるよう、要望していかなければなりません。市長として、私は、次のことをします。

- 市長職に就いてから1カ月以内に、保健相と会い、ロンドンに対する国民保健サービスからの資金増額と看護師の増員について相談します。
- 看護師の獲得について、国民保健サービスロンドン支部と協働して取り組み、ロンドン全域におよぶ効果的な看護婦対策を策定していきます。この対策には、看護師だけでなく、他の保健関係職の獲得も含まれ、そのために、手ごろな価格の住居を提供することも考えなければなりません。
- 市長のウェブ・サイトを使って、ロンドンにおける国民保健サービスの活動を的確に伝えます。
- 低所得者に職を提供し、職業訓練の機会を設けることで、低所得者層の保健衛生の水準を向上させます。

　保健衛生について不公平が存在しています。その理由は様々ですが、根は深く、断固とした対策を講じなければなりません。

　市長として、私は、次のことをします。

- ロンドン住民の保健衛生の水準を向上させることが、市長と市議会の中心課題であることを確認します。
- ロンドンにおける保健衛生向上プログラムについて、市長と市議会の諮問に答える健康ロンドン委員会を立ち上げて、委員は広くロンドンの代

表となる人々を募ります。
- 当該委員会に、どのようにすれば、ロンドン地域戦略と交通対策を、ロンドン住民の保健衛生水準の向上につなげていけるかを諮問します。
- 国民保健サービスのロンドン支部に対して、保健衛生水準の達成目標に向けてどのような進捗状況であるかを、市長と市議会に報告するように求めます。この報告は、市長のウェブ・サイトを通じてロンドン住民に知らせます。
- 健康ロンドン委員会に対して、ロンドンにおける精神衛生行政に関する報告を求めます。

住宅対策

大ロンドン市には、公営住宅を供給する権限はありませんが、市長と市議会には、ロンドンの住宅問題に対処する重要な役割があります。

市長として、私は、次のことをします。

- ロンドン区は、15,000戸の手頃な価格の住居を作るために、9億ポンドの政府予算増額を緊急要望していますが、この要望を支援していきます。
- ロンドンにある10万戸の空き家を改修して、手頃で低コストの住居を提供できるよう、ロンドン区、空き家対策庁、企業などと協働します。
- 市長には開発調整権があります。この権限を行使して、ロンドン住民の住宅ニーズに合う住宅行政を行うように、全ロンドン区を調整します。

ロンドンをヨーロッパのビジネス中心地に

ロンドンは、その立地条件の良さから、これからもヨーロッパのビジネスの中心地であり続けます。

市長として、私は、次のことをします。

- ロンドンがヨーロッパの金融の中心地であり続けるために、シティやシティに本拠を置く機関と協働を図っていきます。

ロンドンにおける雇用創出と都市の競争力を支援するために、企業や企業組織と協力して、ロンドンの主要な経済課題の解決を探っていきます。
　雇用問題や投資について私が懸念していることは、ロンドンの製造業が高利率とポンド高に直面しているということです。市長は、こうした産業振興という課題について中心的な役割を持ちますが、これはロンドン住民や成功した起業家、企業などとの連携をもって初めて可能です。
　市長として、私は、次のことをします。

- 開発戦略や経済戦略の策定において、コンセンサスが得られるよう指導力を発揮し、優先事項とその目標達成に力を注ぎ、こうした私の取組が成功したかどうかをロンドン住民がはっきりと計測できるような仕組を作ります。
- 大企業、中小企業である無しに関わらず、特に、ロンドンで成功している企業からロンドン開発庁のメンバーを募り、開発庁を刷新します。

ロンドンに対する地域再生基金の減額はさせません
　最近の著しい経済成長にもかかわらす、ロンドンの失業者数は、スコットランドと北アイルランドを合計したよりも多くなっております。
　市長として、私は、次のことをします。

- 環境、交通、地域省の閣僚と緊急に会合を持って、なぜ、ロンドンに対する地域再生基金がこれほど減額されようとしているのか、はっきりとした説明を求めます。
- ロンドンに対する地域再生基金の問題について、ロンドン区や企業とも協働して取り組む方策と、新規雇用を創出するための方策に関する研究を委託により行います。

　現在、多くのロンドン住民がその能力を十分に発揮できないような不公平を味わっています。市長として、私は、この不公正を解決することがロンドン開発庁の最優先課題であることを約束します。
　地域再生に対して、民間セクターからできる限り多くの資金提供を仰ぐに

は、新公共交通システムに戦略的に投資することが必要だと考えます。
　市長として、私は、次のことをします。

- ロンドン開発庁の目標は、もっとも疲弊した地域に対する地域再生基金を獲得することとし、さらに、地域再生施策には、貧困や不公平の解消という明確なアウトカムを掲げるべきであることを約束します。
- 地域のコミュニティが先導している地域再生策を優先して、そのような地域の開発にかかる基金の増額を図ります。

小規模企業の成長を促します
　将来の雇用とチャンス提供について基幹となるのは中小規模の企業です。こうした中小規模の企業に対する支援を、最優先にします。
　市長として、私は、次のことをします。

- 成長企業をバックアップし、黒人や少数民族が起業した小規模企業を支援するために、ロンドン開発庁や小規模企業サービス局と協働して取り組みます。
- 地域再生施策の一環として、疲弊した地域におけるコミュニティ・ビジネスを支援することを優先するよう、ロンドン開発庁に求めます。

ロンドンはヨーロッパの中心地

　ロンドンは、知の中心地であり、ヨーロッパには比肩する都市はありません。また、情報産業では、世界のリーダーです。
　市長として、私は、次のことをします。

- 企業や大学などと協働して、メディア、文化産業、ハイ・テクノロジー産業、銀行、金融サービス、医薬産業などの成長産業を支援していきます。
- 新規のメディアやインターネット産業を育成するとともに、ロンドンの全企業でITを使いこなせるよう支援をしていきます。

- 新技術を育て上げ、政府機関と協働できるような機関を設立します。
- ロンドンが求めているのは、新しい成長産業です。こうしたベンチャー企業に対する支援資金を集約して活用できるようなロンドン企業刷新パートナーシップを立ち上げます。
- ロンドンの学生に対して、首都で学ぶために余分にかかる経費を援助できるようにします。

技術革命

　学校を修了していない人々に、十分な収入を得られるような技術を身に付けさせるチャンスをもう一度与えることは、もっとも大切な仕事のひとつです。

　市長として、私は、次のことをします。

- 新規の雇用につながるような職業訓練を行うことで、全ロンドン住民が新しい技術を身に付けられるようにします。
- 大ロンドン市とロンドン区の間に位置している一部事務組合の学習・技術区が、雇用者とともに活動しているか雇用者のニーズを的確に捉えた活動をしているかを監視し、その結果を市長と市議会に報告するようロンドン開発庁に求めます。
- 基礎的技術訓練を促進することと、全ロンドン住民がインターネットの活用に必要な技術を身に付けることとを目的としたパートナーシップ施策を立ち上げます。

教育対策

　市長と市議会には、学校に関する一義的な責任はありませんが、教育レベルの向上ということをないがしろにはできません。

　市長として、私は、次のことをします。

- ロンドン区と協働して、ロンドンの学校が、さらに多くの国家資金を獲得できるように、国に求めていきます。

- 特に学業水準が低い学校と、黒人や少数民族の子どもたちを排除しているような学校を監視するタスク・フォースを設立します。

芸術・文化展スポーツ対策

ロンドンは、芸術、メディア、文化において、世界の中心地です。

市長として、私の文化政策は、ロンドン全体に及びます。主な目標は次のようになるでしょう。

- ロンドン中心部から離れたところにあるコミュニティについて、創造活動を活性化させていきます。
- ロンドンの学校や教育機関における芸術教育を拡大します。
- 芸術が全ロンドン住民にさらに身近になるようにします。

そのために、私は、次のことをします。

- ロンドンの芸術やスポーツに対して、公民セクターがいかに協力して取り組んでいくかを探っていきます。
- 学童が芸術のイベントやロンドン動物園に行くための費用を援助します。

ロンドン　持続可能な世界的都市

ロンドンという街の未来は、清潔で緑にあふれていなければなりません。
市長として、私は、次のことをします。

- 環境対策をロンドン政府の中心に据えて、包括的な環境アセスメントをします。このアセスメントは、市長が進めようとする全ての戦略に対して行います。
- ロンドンの生活の質を測定するための指標を導入します。この指標には、ロンドン特有のニーズを測定するために、犯罪対策、衛生対策、水や空気の汚染度、道路交通状況、緑地帯へのアクセス状況、汚染されてしまった土地の再利用状況などが含まれます。
- 環境状況に関してロンドンの住民に適切な情報を提供し、達成目標に向

けて、どの程度進捗しているかを、市長のウェブ・サイトなどを通じて、ロンドンの住民にお知らせします。私は、また、環境に関しては特に6つの誓約をします。

　ロンドンの交通危機は、もっとも大きな問題です。この危機を救うためには、交通量を減らして、公共交通機関へのシフトや自転車の利用、徒歩などを奨励することしかありません。このマニフェストの中で、詳細に述べてきたことですが、私は、次のことをします。

・2010年までに、道路交通量を現在よりも15％削減します。

市長として、私は、次のことをします。

・すべての人に暖かな住居を提供できるよう、現在ある住居ストックを有効に活用します。
・冬を乗り切るための燃料不足を解消するために、リーダーシップを発揮します。

緑地帯と河川
　　市長として、私は、次のことをします
・ロンドンの交通対策の中で、ロンドン住民がまちを縦横に歩いて移動できるような歩行者専用の緑地帯を設けることを検討していきます。
・レイナム・マーシズを、醜悪な開発計画から救うために、当該計画に介入します。

テムズ川は、ロンドンの最も重要な自然の財産です。

市長として、私は、次のことをします。

・テムズ川を、ブルー・リボン・ゾーンとして認定して、保護をしていきます。

　浪費をやめ、リサイクリングを始めましょう。ロンドンのゴミは、もっと都市の持続可能性を高める方法で処理しましょう。
　市長として、私は、次のことをします。

- 2005年までに、全家庭から排出されるゴミの25％をリサイクルに向けるという目標を達成するために、新たな廃棄物戦略を策定します。
- 企業が、廃棄物をリサイクルするような財政上の誘引策を、検討します。
- ロンドンの他の公共機関がリサイクル商品をさらに購入するように、大ロンドン市がお手本を示します。

グリーン・エコノミー

　グリーン・エコノミーは、産業として、これから20年の間に、電信や情報通信に匹敵するほどの成長を遂げるでしょう。

　市長として、私は、次のことをします。

- 2005年までに、新しいグリーン産業を10,000創出する目標を掲げます。
- 市長と市議会が調達する物品は、地域における持続可能社会を目指した物品にするようにします。

グリーン・テクノロジーにさらなる投資を
　市長として、私は、次のことをします。

- 市長が進める戦略はすべて環境アセスメントの対象にしますが、そのアセスメントには、政府が掲げる地球温暖化に対する目標に対してどの程度貢献するかという推計値も加えていきます。

第Ⅱ部　マニフェストの導入をめざして
―ローカル・マニフェストの導入―

1　首長選挙の公約

　日本の知事や市町村長の選挙をみると、候補者のなかには、それなりの公約を提示しているものが少なくない。これは確かである。しかし、その内容はイギリスのマニフェストにはほど遠い。やりたいことを羅列したウィッシュ・リストにすぎないものがほとんどである。有権者から見れば、全く当てにできない政策であり、公約を掲げている首長候補自身も、それを本気で実施しようと考えていないことが多い。仮に、実現しようとしたとしても、財源の制約からあきらめてしまう場合がほとんどである。職員が積極的に取り組んでくれないことから、尻すぼみになってしまうことも多いであろう。したがって、有権者は、一般には、公約にほとんど関心を示さない。時には、公約に関心を示し、その実現を当てにして一票を投じる者がいるかもしれないが、これらの有権者も結局は失望するのが落ちであり、次第に公約に関心を示さなくなるというのが通常であろう。

　現在の首長選挙は、政策による戦いではなく、候補者個人の人柄をめぐる争い、利害関係による争い、あるいは地縁・血縁の争いになっている。こうした選挙で選ばれた首長のもとでは、種々の問題が生じるのは当然である。首長が如何に人格的に優れていても、とくに初めて

首長になった場合には、何から始めるかという構想は定まっていない。当選してから、さて何をするかを考えるのが一般的な首長の姿であろう。その結果、職員の説明・助言にしたがって、従来通りの政策を、従来通りの手法で実施するということになりがちである。これでは、自治体の運営の改善は容易に進まない。現在の日本では、自治体がちょっと改善されると、マスコミで大きく報道されることが多いが、これは、自治体の改革が容易に進まないことの現れであり、ひいては、現在の選挙の実態の現れであるといってもよいであろう。

　また、このような選挙のもとでは、有権者は首長に対して実質的に白紙委任をするということになってしまい、その結果、首長は独裁者になってしまうという危険性も常にあり得る。首長の汚職事件がしばしば報道されるが、有権者が白紙委任をしているという現在の選挙の仕組みにも一因があるといえよう。首長が実施しようとする政策と多数の有権者の意向とが食い違うという事態も起こりがちである。最近、住民投票を求める住民が増えているのは、その端的な現れであるが、こうした現象も、白紙委任ということから生まれてきたものといってよいであろう。

　このような状況の下では、国民の間に、政治に対する不信感が強くなっていくのは当然といってよい。早急に、選挙形態を変えていくことが必要である。その場合、イギリスのマニフェストは非常に大きな武器となり得ると考えられる。いまこそ、マニフェストを日本の政治にも導入しなければならない。

2 マニフェストの導入

　マニフェストを導入するにはどうすればよいのであろうか。何よりも重要なのは候補者の姿勢である。選挙では、ウイッシュ・リストではなく、必ず実現することを前提とした「政策」を明示することが必要であり、それをするためには、候補者は覚悟を決めることが必要である。実現できない場合には、これまでのように"ほっかぶり"を決めるということはできない。何らかの責任を負うという意識をもつべきである。そうでなければ、マニフェストは導入できない。

　また、議会の議員も、選挙で示された首長の「政策」に常に注意を払い、その実現状況を監視し続けることが必要である。住民も監視する必要があるが、しかし、首長が「必ず実現する」という約束をする場合には、あるいはイギリスのように「契約」であるということを明確にする場合には、議会も住民も自然に「政策」の実現を監視するようになると考えられる。そして、それを実現しなかった場合には、それだけ議会や住民の反発が強くなり、その結果、首長は「政策」を実現せざるを得なくなるのではなかろうか。

　「政策」を実現するためには、財源が必要である。したがって、マニフェストを導入しようとすれば、財源の裏付けを考えなくてはならない。候補者は、自分が首長になろうとしている自治体の財政状況を的確に把握し、どこから財源を工面するかを決めておくことが必要である。これは、いわゆる現役の首長にとっては容易であるとも言えるが、新人として立候補をするものには、かな

りの難事である。しかし、現在は、ほとんどの自治体が財政状況を公表しており、それを把握することは不可能ではない。その分析は普通の人には難しいという面もあるが、首長に立候補しようと思うくらいの人は、これくらいは理解しておく必要があるのではなかろうか。

　実現する「政策」を打ち出そうとすれば、「政策」の優先順位を定めることも重要である。優先順位を定めず、「政策」を羅列する場合には、どれから手をつけていいか決められなくなることが多い。すべての「政策」には、それによって利益を受けるものがおり、その結果、住民は自分の利益につながる政策から実施して欲しいとプレッシャー活動をするのが必然であるからである。羅列した「政策」のすべてにプレッシャー活動があれば、首長はどの「政策」を優先するか決めにくく、財政の制約もあって、結果的にどの政策も実施できないという事態にもなりかねない。

　政策に優先順位をつけようとすれば、ビジョンもしくは理念を示すことが必要となろう。首長として自治体をどのようなものにしていきたいかを描くことが必要である。有権者はそのビジョンから1年後あるいは4年後の自治体の姿を描くことができ、その是非を問うことができる。それを決定するのが選挙ということになる。

●マニフェストの導入

3 政策の実施

　しかし、マニフェストを導入すれば、それだけで政策が実現できるというわけではない。イギリスの場合でもマニフェストに掲げた政策を実現するために政権党は種々の努力をしている。たとえば、新たな政策を実施しようとすれば法律の制定が必要になるが、その場合には、官僚の抵抗を受けることが多い。そのため、首相や閣僚は官僚と常に緊張関係に自らを置き、官僚に対抗するための知識や技術を養成しているのが普通である。

　日本の首長の場合もこうした努力が必要となろう。マニフェストを実施するにはそれなりの覚悟が必要である。たとえば、次のような障害を考えることができるからである。

　第1に、一般の自治体では積上げ型予算編成システムが採用されているという障害がある。このシステムのもとでは、個々の部局からの要求を積上げ、予算を編成することになるが、ここにマニフェストで掲げた新規の政策を挿入しようとすれば、そのしかけが必要である。積上げ型の場合、経常的な経費は財政担当課長によって予算配分が決定され、政策的経費は主に財政担当部長によって決定されている。この状況のもとでは、首長のもとに予算案がまわってくるのは、最後の段階である。この段階でリーダーシップを発揮しようとしても、新たな予算を加える余地はあまりない。結局は、担当部局が作った案を首長が形式的に追認するのが普通ということになりかねない。マニフェストを導入するためには、こうした積上げ型予算編成システムを廃止し、首長が最初に予

算の大枠を決定するというシステムにすることが必要である。

　第2に、縦割り組織の問題もある。縦割り型の組織であるため、各部局の長は、部局の利益を優先させがちである。予算獲得額の多寡で部局長としての能力が決定されてしまうかのような事態になっているわけである。獲得額が多いことが部局長の評価につながるため、常に右肩上がりの増額を目指すことになる。その結果、既存の事業の見直しは進まず、全体の予算は膨張し続けざるを得ない。マニフェストを導入するためには、こうした縦割り組織を改めることが必要である。

　第3に、有権者をマニフェストの実現にまきこむことも必要である。イギリスの中央政党のマニフェストの場合も、そこに明示さえすれば、政策が自動的に実現されるということでは決してない。マニフェストに掲げる政策を実現しようとすれば、それなりの努力・工夫が必要であり、とりわけ重要なのは有権者をまきこむことである。

　有権者の支持は永久的に続くものではない。選挙段階ではマニフェストに示された政策を支持していたとしても、その政策が長期にわたって実施されない場合にはその政策を忘れてしまい、別の考え方を持つ住民が増えるということも十分にありえる。したがって、イギリスの中央政党は、マニフェストで政策を提示するだけではなく、政権を獲得した段階で、すぐに政策を具体化する方策にとりかかり、しかもそこに有権者をまきこんでいくことが多い。日本の首長も常に有権者の意向を把握していく工夫が必要となろう。

　しかし、何はともあれ、マニフェストを導入することが必要であり、マニフェストで「政策」を必ず実現する

● 政策の実施

ということを有権者に誓約することが必要である。できれば、その誓約を有権者との「契約」として位置付けることが望ましい。

　それでは実際のマニフェストはどのようなものになるのであろうか。その参考事例として、三重県の総合計画を基にしてマニフェストの作成を試みてみた。これは、四日市大学地域政策研究所が三重県に存在し、三重県の動向をかなり詳しく把握しているという理由による。というよりも、他県の状況をあまり正確には把握していないというのが正直なところであるが…

　以下、節を改めて、その参考マニフェスト試案を紹介することにしたい。

参考資料：マニフェスト作成試案

私のマニフェスト
（県民の皆さまへの誓約）
20××年

三重はもっと飛躍できるはず

【このマニフェストの構成】
このマニフェストは次のような構成で書きました。

（理念・ビジョンと政策）
1．私の選挙の考え方
2．私の政治理念
3．私のビジョンと三重県の可能性
4．三重を飛躍させる5つの重点政策
5．4つの重要な誓約
6．………………
　　①…………
　　②…………
　　…………

私の選挙の考え方

・リーダーとして明確なビジョンを示します。
・政策の是非を有権者の皆様に問います。
・マニフェストの実行に責任を負います。

リーダーとして明確なビジョンを示します。

　三重県は改革の先進県として、今や多くの実績を積んできています。同時に、さらにすばらしい三重になっていく可能性をもっています。日本全体を見まわすと依然閉塞感に陥った状態が続いています。一向に進まない国の構造改革へのいらだち、高齢期の生活や雇用に対する深刻な不安。頼りにすべき政治には不信感が深まっています。
　このような状況を三重県から打破し、激しい変化に、すばやく、的確に対応していくためには、何が必要でしょう。
　私は、三重県のリーダーである知事が、リーダーとして明確なビジョンを示すことが何よりも大切だと考えています。このビジョンの「立案」から「実行」、「評価」にいたるあらゆる段階で県民の皆さまに直接、間接の参画をいただくことが必要です。行政が、自主自立した県民の皆さまの活動を支援し、協働することによって新たな価値を創造していくことができると考えます。

政策の是非を問います

　このための第一歩は、選挙です。今までの選挙が、政治家個人を問うものであったのに対して、これからの選

挙は、立候補する者すべてが掲げる政策をお互いに競い合う選挙であるべきだと考えています。

　私はそのような選挙のやり方に挑戦したいと考え、この「政策ステートメント」をまず皆さまにお示しし、私の政策の是非を皆さまに問うことといたしました。皆さまには、政治家個人としての私よりも、まず、私の掲げる政策を他の候補者のそれと比較し、吟味してください。そのうえで、私の政策に同意いただくことにより、選出されるという新たなプロセスを通じて、政策の実行へとつなげていきたいと考えています。

　私は、この「政策ステートメント」を、英国にならって"マニフェスト"と呼ぶこととします。

マニフェストの実行に責任を負います

　私のお示しするマニフェストは従来の公約とは全く異なるものです。

　私のお示しする「マニフェスト」は、県民の皆さまのウィッシュリスト（おねだりリスト）を「調整」させていただくものではありません。政治家としての、私自らの理念や価値を掲げ、県政の目指すべきビジョンを明らかにし、その使命、目標を明確にしながらそれを達成しようとする「目的達成型」の公約です。まず、私の行政運営の基本理念である「生活者起点の県政」をお示しし、どのような三重をデザインしていくのかという地域ビジョンと、これらのビジョンを実現するための「5つの政策」を表しました。これらの政策は、従来の役所の「縦割り」の発想ではなく、県民の皆さまの立場から「5つの政策」として、目標、達成手段、財源を明記することにより明確かつ具体的に表しています。また、これらの

政策を効果的に実現していくためには、社会や行政のシステムを大胆かつ細心に、そして継続的に改革していくことが必要です。そのための明確な設計図として県政運営ビジョンをお示しします。

　私は、このマニフェストを「私と県民の皆さまへの誓約」と考えます。マニフェストの実行や成果については、私が責任を負います。

候補者サイン

私の政治理念

- 変革の時代にふさわしい行政改革を進めます。
- 「生活者起点」が基本理念です。
- 三重はもっと飛躍できます。

変革の時代にふさわしい行政改革をすすめます

　新しい世紀がスタートし、私たちは大きな変革期を迎えています。このなかで、三重県の明るい未来を切り拓いていくためには、新しい時代の流れに対応できるよう、これまでの制度、慣行など社会のしくみ全体を変えていく努力が求められます。
　このような時代にあっては、県政運営のあり方そのものを根本から変えていかなければ、県民の皆さまの付託におこたえすることはできません。
　県政のあり方を変えるため、私は職員の先頭に立って改革を進めます。

「生活者起点」が基本理念です

　これからの県政運営に求められる役割は何でしょうか。
　行政サービスは、従来までは、その成果が県民の皆さまの期待に合致していないというのが大方の見方でした。県民の皆さまの生活を良くするためのものであるはずの県の行政が、サービスを提供する県の都合で考えられてきたからです。
　このような県政を「生活者起点の県政」へと改革することを、私は、県民の皆さまにお約束します。
　「生活者起点の県政」とは、すべての行政サービスは、生活者である県民の皆さまが、その判断の基準になるということで

す。生活者たる県民の皆さまの活動を支援することが、県庁の重要な役割であると考えています。

県民の皆さまには、真に豊かな生活を求めてさまざまな活動を展開していらっしゃいます。そのような自主自立の活動を支援し、協働することにより、行政だけでは達成できない成果（公共の利益）を生み出すことが必要になっていると、私は考えるのです。

三重はもっと飛躍できます

三重県は、とても大きな可能性をもっています。

その可能性を活かすことによって、私たちは、もっともっと素晴らしい三重県をつくっていくことができると、私は考えています。たとえば、私たちの住む三重は、ほぼ日本の中央にあります。

それだけではなく、お伊勢参りや熊野詣に全国各地から人々が集まる地でありましたし、政治経済でも東西日本の接点として重要な位置を占めてきました。

明治の近代化の中で主要幹線が関ケ原経由になり、三重は東西幹線から外れてしまいましたが、中部新国際空港の開港、第二名神高速道路やリニア中央新幹線などの整備が進むことが見込まれている今、もともと持っていた三重のポテンシャル（可能性）が、再び現実のものになろうとしています。

近畿、中部の二つの大都市圏をつなぎ、日本の中央に位置する地理的優位性や、交通、物流での拠点性をもつ三重を、21世紀の大交流時代における世界に開かれた舞台のひとつとして、日本を先導する地域へと発展させていくことを、私は、県民の皆さまに誓約します。…………

5つの重点政策

> 三重を飛躍させるための5つの重点政策
> 　このような三重の可能性を生かしていくためには、私は5つの重点政策を実行します。
> 　①新しい社会をになう人づくり
> 　②環境先進県づくり
> 　③…………
> 　④…………
> 　⑤…………

①新しい社会をになう人づくり

　目標を欧米先進国に定めた日本のこれまでのキャッチアップシステムは、教育においても例外でなく、社会の急速な変化に対応しきれず、様々な問題が生じています。

　私は、大きな時代の転換期にあって、新しい社会を担う人づくりは最も重要であり、根幹であると考えています。

学習者起点の教育改革

　子供たち一人ひとりが健康で、知識においても人間性の面でもバランスの取れた人間に育っていけるよう学習者起点の学校教育改革を進めます。

　また、人生のどの段階においても学ぶことのできる生涯学習の環境整備を進め、新しい社会をになう人づくりという広い意味での教育システムの改革を進めます。

　そのために私は、次のことに取り組みます。

> 教職員の意識改革

　教職員の意識改革を進め、組織風土改革など学習者起点の教育改革を進めます

> 校内暴力の半減

　道徳性の向上と学力の向上を図り、3年間で、いじめや校内暴力行為を半減させます

> 情報教育進める

　すべての公立学校がインターネットへ接続できるようにし、情報教育を進めます

> 生涯教育を充実

　学校教育の改革とともに生涯学習ネットワークを形成し、生涯学びつづけたい方々を応援します

②環境先進県づくり

　21世紀は「環境の世紀」とも言われ、人類の活動が自らの生存を脅かすような過大な環境負荷の状況から脱却することは、人類共通の急務となっています。

　産業活動も、私たちの生活も、資源循環型へと切り替え、限りある地球環境のなかで将来にわたって発展を続けていくことのできる社会をつくっていかなければなりません。

　私は、そのための取り組みを県民の皆さまと一緒になって進め、その成果で世界に貢献することによって、三重県を「環境先進県」にしたいと考えています。

　そのために私は、次のことに取り組みます。

> ## 4つの誓約
>
> 1. 政策評価を中心として、三重県の運営をします。
> 2. 学習者起点の教育改革をめざします。
> 3. バリアのない社会づくりをめざします。
> 4. ……………………

　私は、今までとはまったく違った選挙のあり方に挑戦しようとしています。それは、候補者が有権者に政策のパッケージを示し、有権者にその政策の是非を判断して、もっとも望ましいと思われる政策を示した候補者を選んでもらうという選挙です。

　政策を支持されて当選した候補者は、その政策を実行する義務があります。

　私が皆さまにお示ししている誓約は、皆さまが私を選んでいただいたときには、私が必ず実行しなければならないものなのです。

　このマニフェストに記載した誓約は、その意味で、一種の「契約」といえます。

　私の誓約は次の９つに要約できると考えています。これらは、特に重要な誓約であると、ご理解いただいてもかまいません。

1. 政策評価を中心として、三重県の運営をします。

　県庁の都合で提供されてきた行政サービスを、「生活者起点の県政」に変えていきます。そのために、政策評価を中心として予算編成や組織改革も含めた行政経営の仕組みとして「政策推進システム」を導

入します。また、三重県庁の経営を民間企業経営の評価基準に照らして評価して改善する「行政経営品質向上活動」に取り組み、三重県庁の行政運営の仕組みそのものから改革します。

2．学習者起点の教育改革を進めます。

学習者起点の学校教育改革を進めるとともに、生涯学習環境を整備し、大きな時代の転換期にあって新しい社会をになう人づくりを進めます。

3．バリアのない社会づくりをめざします。

人権侵害の相談窓口の総合化、「バリアフリーのまちづくり推進条例（仮称）」の制定、「男女協働参画推進条例（仮称）」の制定などに取り組み、誰もが自分らしく生きることのできるバリアのない社会をめざします。

……………

5つの重点政策の進め方

①新しい社会をになう人づくり

[目標]

・学習者起点の教育システム、すなわち学ぶ人のための教育システムに改革します。
・教職員の意識改革を進め、組織風土改革など学習者起点の教育改革を進めます。
・道徳性の向上と学力の向上をはかり、3年間で、いじめや校内暴力を半減させます。
・すべての公立学校がインターネットへ接続できるようにし、情報教育を進めます。
・学校教育システムの改革とともに、生涯学習ネットワークを形成し、生涯学びつづけたい方々を応援します。

基本的考え方

　私が考える県民と行政が「共に責任を負う民主主義」を実現するためには、それを支える人づくりをすることが重要となります。人づくりは、学校だけでできるものではなく、社会全体でになうものであると考えます。こう考えるとき、現在の日本の人づくりのシステムは適切に機能しているといえるのでしょうか。

目標を欧米先進国に定めた日本のこれまでのキャッチアップシステムは、教育においても例外でなく、社会の急速な変化に対応しきれず、さまざまな問題が生じています。

　経済性や効率性を重視した画一的な教育、大学受験を頂点とする知識偏重の教育が行われてきており、保護者の方々も建前ではこれに異議を唱えることはあるものの、本音では是認し、学校教育に過度に依存した教育システムを支えてきたのではないでしょうか。この結果、子供たちの不登校や、問題行動などの様々なゆがみが生じています。一方では、教育内容が実社会との連携が不十分なためもあり、高度化する社会からの要請に充分に応えていない、学校の情報がオープンにされず、様々な課題が学校内でとどまるなど、その閉鎖性が指摘される状況もあります。また、公教育が学校卒業で終わってしまい、社会へ出てから知識を習得したり、技術・資格を身につけることは容易ではありません。人生のどの段階においても学び続けたいという人々の要求は、十分に満たされてはいません。

　私は、大きな時代の転換期にあって、新しい社会を担う人づくりは最も重要であり、根幹であると考えています。子供たち一人ひとりが健康で、知識においても人間性の面でもバランスの取れた人間に育っていくためには、家庭、地域、学校の役割を明確にし、三者が連携しながら、子供たちが自らの興味、関心、能力、適性などに応じて主体的にゆとりを持って学習できるようにしていく必要があります。また、ボーダーレスで情報化が急速に進展した現在の社会で、三重県が21世紀にも活力を持って、発展していくためには、意欲のある人が、様々な分野で能力を十分発揮でき、人生のどの段階において

も自己実現を図ることができることが重要であり、そのための誰もがいつでもどこでも学ぶことのできる生涯学習の環境整備が必要です。

このため、私は、学習者起点の学校教育改革を進めるとともに、生涯学習環境を整備し、そのネットワークを横築していくことが必要であると考えます。この理念のもとに、私は、新しい社会をになう人づくりという広い意味での教育システムの改革を進めます。

[目標実施のプログラムＩ]
▽学ぶ人のための学校教育改革
・４年以内に、学校長を対象にマネージメント研修を行います。
・ボランティア活動を実施している学校の割合を、４年間で小学校40％（現状62％）、中学校70％（現状62％）にします。
・多機能トイレの設置されている公立学校を４年間で○○％（現状○％）にします。
・４年以内に県内の２校以上に中高一貫教育を導入します。
・いじめ問題に対して学校と児童相談所の総合的な態勢で対応できるようにします。
・新しいタイプの高等学校を４年以内に12校(現状７校)にします。
・社会体験研修を体験した教員を４年間で15％（現状３％）にします。

学習者のための教育改革を進めます
　私は、経済性、効率性重視の画一的教育、大学受験を

頂点とする知識偏重の教育から学習者起点の教育へ変革することを県民の皆さまにお約束します。
　特に、任期間に次のことを実行し、成果を上げることを、県民の皆さまにお約束します。
○学校の経営能力を向上させます。学校教育に携わる学校長を始めとする教員自らの意識改革のため、教育現場に、様々な改革ツールを提供することとし、4年以内にすべての学校長を対象に学校マネジメント研修を実施します。
○学校の役割は、まず第一に豊かな心を持った人間を育むことにあります。そのため、人権教育、同和教育や心の教育を進めるとともに、実体験を重視した教育やボランティア教育を推進し、ボランティア活動を実施している学校数を4年以内に80％（現状32％）とします。
○一人ひとりを大切にし、ゆとりある教育を実現するため、私は、少人数教育等の施策を進めることを県民の皆さまにお約束します。ティームティーチングを実施する学校の割合を、4年間で小学校40％（現状29％）、中学校70％（現状62％）にします。
○障害児教育の弾力化など個に応じた教育ができるようにするとともに学校施設のバリアフリー化を進め、多機能トイレの設置されている公立学校を4年間で○％（現状○％）にします。
○入学者選抜制度等を見直すこととし、選抜尺度の多元化などを次年度から実施します。中高一貫教育を拡大し、4年以内に県内で2校以上での中高一貫教育を導入します。
○いじめ問題や不登校児童生徒などへの対応については、学校のみでなく、児童相談所などの県機関との

総合的な態勢を取ることができるようにします。
　○子供の主体性を育み、子供の良さを伸ばす楽しい学校づくりを進めます。そのため、高等学校における単位制の導入や総合学科の設置など新しいタイプの学校を4年以内に12校（現状7校）にします。
　○学校が教育機能を十分に発揮するためには、教員の資質、能力の向上が必要であり、教員の採用を人物重視に変えるとともに、研修を充実させ、社会体験研修を義務づけることとし、4年間で15％（現状3％）の教員がこれを体験するようにします。

［目標実施のプログラムⅡ］
▽社会の変化に対応した教育を進めます。
　・2年以内に、すべての公立学校がインターネットに接続できるようにします。
　・コンピューターなどで子供たちを指導できる教職員の数を4年以内に50％(現状10％)にします。
　・外国語指導助手（ALT）の数を4年以内に100人(現状77人)とします。

社会の変化に対応した教育を進めます
　○2年以内に、すべての公立学校がインターネットに接続できるようにします。
　○コンピュータなどで子供たちを指導できる教員数を4年以内に50％（現状10％）にします。
　○外国語指導助手（ALT）の数を4年以内に100人（現状77人）とします。

［目標実施のプログラムⅢ］

▽生涯にわたって学習が続けられる環境づくりをめざします。

- 1年以内に、生涯学習に関する総合的な計画を策定します。
- 計画に従い、順次、いつでも、どこでも気軽に学べ、親しむことができる生涯学習環境を整備し、リカレント学習、職業教育などの学習機会や文化・スポーツ活動の機会を充実させます。
- 生涯学習の情報ネットワークをつくり、学習するための情報が、どこからでも手軽に入手できるようにします。
- 生涯学習の場ともなる学校の開放を進めることとし、公立学校施設の地域開放を4年以内に40%(現状18%)にします。
- ……………………………………………………………

○1年以内に、生涯学習に関する総合的な計画を策定します。
○計画に従い、順次、いつでも、どこでも気軽に学べ、親しむことができる生涯学習環境を整備し、リカレント学習、職業教育などの学習機会や文化・スポーツ活動の機会を充実させます。
○生涯学習の情報ネットワークをつくり、学習するための情報が、どこからでも手軽に入手できるようにします。
○生涯学習の場ともなる学校の開放を進めることとし、公立学校施設の地域開放率を4年以内に40％(現状18％)にします。
……………………

最後に

　このように三重県の総合計計画である『三重のくにづくり』を参考にマニフェストをつくってみたが、これはあくまでも部分的なマニフェストであり、実際には、もっと総合的なマニフェストをつくることが必要である。

　また、このマニフェストでは財源を示していない。現在の財政情勢のもとで、財源を示そうと思えば、既存の政策をスクラップしていく必要があり、その事例をわれわれが示すのはまずいと判断したからである。しかし、財源の提示はマニフェストの非常に重要な要素であり、候補者が実際にマニフェストをつくる場合には、それを明示する必要があるのはいうまでもない。

　さらに、それを既存の政策をスクラップし、そこで得た財源でもって、マニフェストで誓約した政策を実現するためには、積み上げ型の予算システムを撤廃し、首長の強いリーダーシップを発揮できるような予算の仕組みにすることも重要である。そうした決意もマニフェストに示し、有権者との「契約」にする必要があろう。

●著者紹介

**四日市大学地域政策研究所
ローカル・マニフェスト研究会**

四日市大学総合政策学部教授　　　　　　　竹下　　譲
四日市大学地域政策研究所副所長　　　　　丸山　康人
四日市大学総合政策学部助教授　　　　　　稲澤　克祐

コパ・ブックス発刊にあたって

　いま、どれだけの日本人が良識をもっているのであろうか。日本の国の運営に責任のある政治家の世界を見ると、新聞などでは、しばしば良識のかけらもないような政治家の行動が報道されている。こうした政治家が選挙で確実に落選するというのであれば、まだしも救いがある。しかし、むしろ、このような政治家こそ選挙に強いというのが現実のようである。要するに、有権者である国民も良識を持っているとは言い難い。

　行政の世界をみても、真面目に仕事に従事している行政マンが多いとしても、そのほとんどはマニュアル通りに仕事をしているだけなのではないかと感じられる。何のために仕事をしているのか、誰のためなのか、その仕事が税金をつかってする必要があるのか、等々を考え、仕事の仕方を改良しながら仕事をいている行政マンはほとんどいないのではなかろうか。これでは、とても良識をもっているとはいえまい。

　行政の顧客である国民も、何か困った自体が発生すると、行政にその責任を押しつけ解決を迫る傾向が強い。たとえば、洪水多発地域だとわかっている場所に家を建てても、現実に水がつけば、行政の怠慢ということで救済を訴えるのが普通である。これで、良識があるといえるのであろうか。

　この結果、行政は国民の生活全般に干渉しなければならなくなり、そのために法外な借財を抱えるようになっているが、国民は、国や地方自治体がどれだけ借財を重ねても全くといってよいほど無頓着である。政治家や行政マンもこうした国民に注意を喚起するという行動はほとんどしていない。これでは、日本の将来はないというべきである。

　日本が健全な国に立ち返るためには、政治家や行政マンが、さらには、国民が良識ある行動をしなければならない。良識ある行動、すなわち、優れた見識のもとに健全な判断をしていくことが必要である。良識を身につけるためには、状況に応じて理性ある討論をし、お互いに理性で納得していくことが基本となろう。

　自治体議会政策学会はこのような認識のもとに、理性ある討論の素材を提供しようと考え、今回、コパ・ブックスのシリーズを刊行することにした。コパ（COPA）とは自治体議会政策学会の英語表記Councilors' Organization for Policy Argumentの略称である。

　良識を涵養するにあたって、このコパ・ブックスを役立ててもらえれば幸いである。

自治体議会政策学会　会長　竹下　譲

COPABOOKS
自治体議会政策学会叢書
ローカルマニフェスト
―政治への信頼回復をめざして―

発行日	2003年3月15日　第1刷発行
	2003年6月13日　第2刷発行
著　者	四日市大学地域政策研究所
	（ローカル・マニフェスト研究会）
発行人	片岡　幸三
印刷所	倉敷印刷株式会社
発行所	イマジン出版株式会社
	〒112-0013　東京都文京区音羽1－5－8
	電話　03-3942-2520　FAX　03-3942-2623
	http://www.imagine-j.co.jp

ISBN4-87299-322-5　C2031　¥900E
乱丁・落丁の場合は小社にてお取替えいたします。